KB105765

해석학

대우휴먼사이언스 008

해석학

새로운 사유를 위한
이해의 철학

신승환 지음

아카넷

머리말

────────

이 책은 인간의 본성을 이해와 해석에서 찾으려 한다. 우리의 느낌과 생각, 개별적인 행동은 물론 일상적인 삶 전체는 무언가를 이해하고 해석한 데서 비롯된다. 이러한 이해와 해석의 행위는 인간이 인간다운 이유이며 그 출발이기도 하다. 그래서 인간은 이런 행위를 바탕으로 해서 학문과 예술, 또는 문화와 역사를 이루어간다. 이러한 지성적 행위에 따라 정치와 경제, 사회는 물론, 인간이 이룩하는 모든 문화적 체계가 가능해지는 것이다. 그러기에 이해하고 해석하는 지성적 행위가 인간을 인간이게 하는 본질이며, 또한 이것이 인간이 이룩한 모든 것의 근거이며 출발이라고 말해야 할 것이다.

이 책은 이런 인간의 특성과 지성적 행위를 해석학의 철학이라는 이름으로 해명해보고자 한다. 인간이라면 누구나 철학하는 존재일 수밖에 없다. 사람은 누구나 자신의 삶에서 철학하고 있다. 명시적이거나 비명시적이든, 혹은 주제적으로나 비주제적으로든 인간이라면 누구나 철학하고 있다. 이해하고 해석하는 행위가 철학이라면 인간은 그 누구도 이런 행위 없이 살아가지 못하기 때문이다. 그럼에도 아무나 철학하지는 않는다. 왜냐하면 명시적이며 주제적으로 철학하는 것은 철학에 대한 자각과 철학하는 학문적 행위를 필요로 하기 때문이다. 그래서 철학은 한편으로는 인간 본연의 행위이면서 또 다른 한편 지성적 자각을 필요로 한다. 철학은 학문이면서 학문 이상이며, 또한 학문을 넘어서면서도 학문에 속해 있다. 철학은 안과 밖으로 분리되면서, 또한 그 안과 밖이 만나기도 한다. 이렇게 나누어지는 것은 학문으로써 철학에 담긴 해석학적 특성 때문이며, 모아지는 것은 인간이 본질적으로 이해하는 존재이기 때문이다.

철학이 어렵고 낯선 까닭은 철학에 담긴 학문적 특성 때문이다. 철학의 계보와 체계, 학문이기에 필연적으로 따르는 개념과 논의의 역사가 철학을 이루는 중요한 요소다. 이것이 철학을 어렵게 한다. 이 어려움이 철학을 낯설게 한다면, 그래서 누구나 철학하지만 아무나 철학할 수 없게 만든다면, 학문으로서의 철학이 지닌 운명과 비극을 어찌해야 하는 것일까. 그럼에도 인간이라면 누구나 철학하는 존재이기에 어떤 형태로든 이해하고 해석하는 인간의 특성을 보지 않을 수는 없을 것이다. 이 책은 철학 본연의 특성에 맞추어, 이 학문을 이해하고 해석하는 인간 본성의 행위로 설명하고자 한다. 그래서 철학이 다만 지식의 체계나 철학사에 대한 지식 정도로 받아들여지는 한계를 넘어 철학 본연의 특성인 해석하는 행위를 중심으로 철학을 이해할 수 있어야 한다고 말한다.

그럼에도 우리는 철학의 이런 면을 보지 못하고 다만 철학적 지식 습득을 철학으로 생각하거나 심지어 서구 철학 지식으로 철학을 좁혀두려 한다. 이는 분명 인간의 철학적 본성을 거스르는 행위이며, 그러기에 그런 철학은 결코 본연의 철학이라 말할 수 없다. 철학은 세계와 인간을, 역사와 자연을, 문화와 사회를 해명하고 자신의 실존적 주제를 존재 문제 일반과 연결지어 해명하려는 존재론적 행위다. 이런 철학은 본성적으로 해석학일 수밖에 없다. 이런 해석학으로서의 철학은 분과학문 체계를 넘어 삶과 존재를 해명하고 드러내는 철학이다.

그런 까닭에 철학적 해석학에 대한 이론적 설명보다 철학의 해석학적 특성을 해명하는 작업이 무엇보다 중요하다. 철학사에 대한 지식이나 철학자의 이론에 대한 연구는 이를 위한 보완적 성격을 지닐 뿐이다. 철학은 그 자체로 명사적 의미의 철학이 아니라 스스로 행하는 철학함이다. 이러한 해석학적 특성을 해명하기 위해 이 책은 철학적 해석학의 전사前史에 해당하는 성서 해석학을 설명하고, 이어 해석학을 정초한 슐라이어마허와 딜타이의 철학을 간략히 설명한다. 이어 해석학적 철학의 내용을 이루는 존재해석학의 내용을 하이데거와 가다머의 철학 가운데 이에 해당하는 부분을 소개한다. 이런 설명은 해석학적 특성을 이해하기 위한 필요한 선행적 이해이기에 계보사적 논의로 이어질 수밖에 없다.

이어지는 6장은 현존재의 철학이 지니는 본질적 내용인 해석학의 철학을 설명하고 있으며, 7장에서는 현대 철학에서 중요하게 다루어지는 해체주의와 해석학을 연결하여 해명한다. 마지막으로 이 모든 논의를 바탕으로 현재의 철학이 어떠해야 하며, 이를 통해 우리의 존재와 현재에서 드러나는 해석의 철학적 행위는 무엇이어야 하는지에 대해 함께 생각해보려 한다.

이 책을 마무리 지으면서 아카넷 출판사의 휴먼사이언스 총서 기획에 깊이 감사드린다. 우리 사회에서 너무도 만연한 인문학에 대한 오해와 홀대를 딛고 이런 기획을 진행하는 일은 매우 값진 지성적 작업임은 두말할 필요가 없을 것이다. 그러기에 이런 기획을 세우고 진행한 기획팀과 편집팀, 그리고 김정호 사장에게 고마운 마음을 표현하지 않을 수가 없다.

이 책을 읽는 독자들은 학문적으로 낯선 개념이나 계보사적 설명들은 건너뛰면서 해석학 본연의 논의만을 읽어도 좋을 것이다. 또한 지성적 작업에는 불가피하게 낯섦이 존재하기에 이 낯섦을 받아들이면서 이 책을 통해 새로운 사유의 계기를 마련할 수 있다면 이 책은 그 본래의 목적을 달성하는 것이리라. 바로 그럴 때 부족한 책이지만 글쓰는 어려움을 견딘 이 부족한 저자에게도 큰 기쁨이 될 것 같다. 이 책을 읽는 이들이 부디 이해하기 힘든 부분은 저자의 탓으로 돌리고, 여기서 말하려는 일부분이라도 함께 생각할 수 있기를 바란다. 그럼으로써 서구 근대의 체계와 문화, 그 철학을 넘어서고 해체함으로써 우리의 실존이 자리하는 지금 여기에서의 사유를 이끌어내는 계기가 되기를 바라는 마음 간절하다.

2016년 3월

신승환

차례

1

철학의
해석학적 특성

1 철학과 해석학

이 책은 철학적 해석학을 설명하기보다 해석학적 철학을 제시하려는 데 목적이 있다. 그 말은 철학을 해석학적으로 재구성한다는 뜻이다. 철학의 해석학적 재구성은 해석학의 이론을 밝히는 작업이 아니다. 오히려 그 작업은 인간 본연의 특성을 이해와 해석에서 찾고, 그를 바탕으로 하여 철학한다는 뜻이다. 여기서 말하는 철학은 철학자들이 펼쳐간 생각의 체계와 이론에 관계되는 좁은 의미의 학문적 철학이 아니다. 오히려 무언가를 이해하고 해석함으로써만이 존재할 수 있고 또 그에 따라 살아가게 되는 인간의 근원적 행위를 넓은 의미에서 철학으로 규정한다. 그것은 학문으로서의 철학이라기보다 삶과 존재로서의 철학이다. 이러한 철학은 본질적으로 해석학적일 수밖에 없기에 해석학적

철학의 해석학적 특성

철학_{또는 해석학의 철학}이라 부르고자 한다.

해석학적 철학을 위해 보다 중요한 것은 해석학에 대한 학문적 설명이 아니다. 오히려 인간의 인간다움이 철학함에 있으며, 그러한 본성을 해석학의 관점에서 해명하는 작업이 핵심이다. 우리의 작업은 학문으로서의 해석학을 넘어 해석학으로서의 철학을 인간의 본성과 연결지어 해명하는 데로 이어질 것이다. 그것은 해석학적 사유에 따른 성찰이기도 하다. 여기서 말하는 사유_{思惟}란 해석학적 맥락에서 이루어지는 철학적 생각을 뜻한다.

그럼에도 이러한 사유 작업은 해석학의 이론과 내용, 계보사에 대한 설명을 배제하지는 않는다. 왜냐하면 철학을 인간의 근원적 이해 행위로 해명하고, 그에 따라 철학을 해석학으로 설명하기 위해서는 해석학이 담고 있는 내용이 무엇이며 또 어떻게 생겨나 어떤 과정을 거치면서 오늘에 이르렀는지를 아는 것이 반드시 필요하기 때문이다. 해석학적 철학을 정립하기 위해서는 철학적 해석학이 이룩한 체계가 중요한 지적 근거로 작용한다. 그러기에 여기서는 해석학적 철학을 해명하기 위해 필요한 범위 내에서 해석학의 이론을 원용할 것이다. 철학은 해석학적 사유로 이루어지지만, 그 생각의 빈틈을 메우기 위해 우리는 철학사의 지식을 필요로 한다. 여기에 철학적 해석학의 계보사가 의미를 지니게 되는 것이다.

인간은 그 본성에서부터 무언가를 이해하고 해석하며 이를 바탕으로 자신의 생명과 존재를 지키고 키워간다. 생명체로서 인간은 태어나는 순간부터 외부 환경과 상호작용한다. 인간은 자신의 생명을 위해 무언가를 먹고 마심으로써 생리적 몸을 유지할 수 있다. 또한 인간은 정신적 존재이기에 외부 환경에서 오는 수많은 자극과 정보를 자신의 마음으로 이해하고 해석하는 작업을 수행한다. 마음과 몸에 따른 이 모든 행동은 결국 인간으로 하여금 자신의 안과 밖을 상호작용하게 만들며 이를 통해 자신의 존재를 형성하게 된다. 이렇게 존재를 형성하는 인간 정신의 포괄적 상호작용을 우리는 이해와 해석으로 설명하고자 한다. 그래서 인간을 정신적 존재로 보는 한 그 본질적 특성은 이해와 해석에 있다고 말해도 좋을 것이다. 인간 지성의 본질적 행위에서 철학을 해명한다면 그때의 철학은 해석학적일 수밖에 없다.

2 이해하는 인간

인간은 본질적으로 이해하고 해석하는 존재다. 그 행위는 지식론과는 별개로 이루어졌다. 먹어야 할 것과 먹지 말아야 할 것, 경계해야 할 대상과 삶에 필요한 것을 구분하고 나와 공존할 수 있는 생명체를 알아내는 지식은 살아남기 위해서는 절대적으로 필요한 요소다. 나아가 이러한 지식이 해야 할 것과 해서는 안 될 행위를 구분짓는 지식으로 발전하며, 사회적 관계의 지식뿐 아니라 자신의 내면을 바라보는 실존적 지식을 넘어 의미와 올바름을 찾는 지식으로 확산된다. 또한 지식과 지성이 발전하면서 인간은 자신을 넘어서는 영역, 이를테면 죽음 이후의 세계나 영혼의 문제 등에 대한 절박한 이해를 구하게 된다. 이런 지식은 초월적 영역에 관계하기에 현대 사회에서는 상대적으로 올바르게 평가받지 못하는 것이 사실이다. 그럼에도 인간은 절대적으로 이런 지식을 필요로 한다. 오늘날 우리 문화 안에서 크게 관심을 끌고 있는 영성spirituality적 학문은 이런 사실을 잘 보여주는 예일 것이다. 여기서 우리는 해석학의 철학에 담긴 초월적 특성을 감지할 수 있다.

문화와 예술을 만들고 학문 활동을 하는 인간의 행위를 뜯어보면 그 안에는 필연적으로 그때그때마다 이렇든 저렇든 해석하는 본질적 특성이 담겨 있다. 인간이 이룩한 모든 것은 해석을 통하지 않고서는 불가능하다. 문화와 예술, 학문은 물론 사회체제와 심지어 종교조차도 해석하는 인간의 이해가 재현된 것이다. 우리가 가진 지식도 결국 사물에 대한 우리의 이해와 해석이 반영된 결과다. 사물이나 사건을 있는 그대로 설명하는 것이 지식인 것 같지만 사실 모든 지식은 인간의 해석 행위를 통해 새롭게 형성된다. 모든 지식은 해석학적 재현이다. 지식과 예술, 학문과 문화는 해석학적 재현이며, 정치와 경제, 사회체제 역시 이런 맥락에서야 올바르게 해명된다.

이 모든 것이 존재를 통한 해석이기에 해석학의 철학은 존재 이해라는 인간의 본질적 특성에 바탕을 두고 시작된다. 그 이후에 이루어지는 모든 해석 행위는 이런 맥락에서 분석하고 그 의미를 밝혀내는 지성적 작업이다. 그런 작업은 본질적으로 철학

철학의 해석학적 특성

적이기에 우리는 인간의 모든 지성적 활동과 문화예술적 행위를 해석학적 철학의 관점에서 정의하고자 한다. 또한 그 작업이 존재 이해에서 시작되기에 이를 존재론적 해석학의 철학이라 부르기로 한다. 이제 비로소 말할 수 있는 것은 인간은 존재론적 해석을 수행하는 가운데 인간으로 존재할 수 있으며, 인간이 이룩한 모든 것은 그 결과라는 사실이다.

문화인류학에서는 기록과 문화를 남긴 때를 기준으로 선사시대와 역사시대를 구분한다. 역사는 기록과 문화를 만들면서 시작되기에 인간의 인간다움을 우리는 역사시대를 기준으로 설정할 수 있다. 물론 그 이전의 인간은 인간이 아니었다는 말이 아니라, 존재론적 관점에서 유의미한 인간의 역사를 임의적으로 이렇게 규정하고자 할 뿐이다. 이런 인간의 역사는 서사와 함께 시작된다. 서사epic란 인간이 자신을 둘러싼 자연과 세계, 기원과 종말과 관련하여 자신의 존재와 삶을 이해하고 해명한, 거대한 역사적 이야기다. 그래서 인간의 역사는 서사와 함께 시작한다고 말해도 틀리지 않는다. 인간은 기원전 1800년경 쓰인 것으로 추정하는 길가메시Gilgamesh 서사를 비롯해 신화의 시대를 설명한 수많은 서사를 만들었다.

구약성서도 신앙의 관점을 떠나 살펴보면 매우 의미 있는 서사적 특성을 지니는 귀중한 인류의 경전 가운데 하나다. 그 외 세상의 수많은 공동체에 전해오는 고유한 신화들 역시 서사의 특성을 지닌다. 그리스 신화는 물론, 인도와 중국 등 수많은 민족들도 그들만의 고유한 창조 신화와 기원 신화를 가지고 있다. 그래서 기원 신화를 지니지 않는 민족은 없다고 해도 지나친 말이 아닐 것이다. 아니 한 민족이 있기 위해서는 그들만의 기원 신화가 필요하다는 말이 더 정확할 것이다. 서사적 이야기는 본질적으로 해석적이다. 그 누구도 이 서사를 사실적 기록으로 받아들일 정도로 어리석지는 않다. 물론 호메로스가 쓴 오디세이아Odysseia 서사의 트로이 유적이 실제로 발견되기도 했다. 그러나 그 유적이 발견되지 않았다고 해서 이 서사의 의미가 사라지는 것도 아니다. 서사는 사실적 결과를 넘어서 있기에 그 흔적과는 무관하게 의미를 지닌다.

인간은 본질적으로 이야기를 필요로 한다. 그 이야기는 서사적이며 때로는 서정적이기도 하지만 해석학적 관점에서 중요한 것은 그 안에 담긴 세계 이해와 해석이라는 특성이다. 이와 같은 관점에서 보이드B. Boyd는 진화심리학을 원용하여 인간은 생물적 진화를 넘어 문화적 진화를 이룩하면서 예술과 서사를 필요로 한다고 주장한다.[1] 모든 서사와 이야기는 인간의 존재적 체험과 해석을 재현하고 있다. 하나의 신화와 서사를 공유하는 공동체는 체험과 표현의 공동체다. 해석학적 철학은 이러한 재현의 해

23

철학의 해석학적 특성

석학이며, 인간 본성과 역사의 해석학이며, 이를 통해 자신의 유한성을 초월해가는 초월의 해석학을 지향한다.

오늘날 해체주의 철학은 이 재현이 인식론적으로 주어지는 것이 아님을 강조한다. 이런 인식이 재현의 위기 담론으로 주어졌다면, 재현의 위기는 해석적 과정을 거쳐 극복될 수 있을 것이다. 위기는 지난 것은 사라졌지만 새로움은 다가오지 않은 그 사이의 시간을 가리키는 말이다. 현대의 위기는 과거의 해석은 더 이상 유효하지 않지만, 다가올 해석은 아직 주어지지 않은 그 사이에서 생겨난다. 자신의 시대를 '위기'라고 말하는 것은 이 이중의 결여, 그 사이의 시간을 감지했기 때문이다. 위기를 벗어나는 길은 그 시대가 필요로 하는 새로운 서사의 해석에서 시작되며, 그를 위한 새로운 해석의 지평을 열어갈 때 시작된다. 그 해석은 우리에게 거듭 새로운 이해를 드러내며, 그 시대의 시간을 새롭게 설정한다. 해석은 언제나 지금 여기의 이해이며, 본질적으로 인간의 존재와 함께한다. 해석학의 철학은 이를 위한 새로운 사유를 지향한다.

3 철학의 근본 문제

철학의 근본 문제는 이해와 해석에 관계한다. 그것은 인간학적이며, 그 철학은 존재론적 해석학에 따른 학문이다. 해석학은 철학의 주제 가운데 하나인 이해의 문제가 인식론에 의해서는 일면적이며 한계를 지닐 수밖에 없다는 자각에서 비롯된 현대 철학의 중요한 방법론이자 그 자체로 방법론을 넘어서는 철학적 태도 결정이기도 하다. 해석학은 인간이란 본질적으로 존재 의미와 이해를 추구하는 동물이며, 그에 따라 해석은 인간을 인간이게 하는 근원적 행위라고 말한다. 그래서 코레트E. Coreth 같은 철학자는 "해석학의 문제가 현대의 철학적 사유에 있어서 유일한 근본 문제"라고 주장한다.[2]

철학적 해석학의 과제는 우선적으로 주어진 대상을 이해하기

철학의 해석학적 특성

위한 작업에서 시작된다. 그것이 구체적으로 쓰인 글이나 책을 중심으로 설정되기에 이를 해석학에서는 "텍스트$_{text}$"라 부른다. 해석학의 철학을 위해 텍스트라는 말은 결코 좋은 표현이라 할 수는 없지만 관용적으로 사용하며 일반적 용어이기에 잠정적이지만 여기서도 그 말 그대로 쓰기로 한다.

해석학의 목표는 일차적으로 텍스트를 분석하거나 설명하는 데 있다. 그러나 해석학의 철학은 이를 넘어 인간의 이해에 관계되는 모든 영역으로 확장된다. 그래서 그 철학은 가다머$_{H.-G.}$ $_{Gadamer}$에서 보듯이 예술과 역사 해석학으로 확장되며 나아가 문화와 자연에 대한 해석학으로, 또는 인간이 펼쳐가는 모든 지식 행위에 대한 해석학으로 발전한다. 이런 해석학의 철학은 진화생물학과 진화심리학의 인간 해명과 대결을 펼치며, 사회생물학과 진화생물학적 학문 통합의 노력인 통섭에 대해서도 철학적 반성을 부추긴다. 이들은 철저히 생물학적 관점에서 인간의 모든 지적 활동과 심지어 철학까지도 재편하려 든다. 그 학문은 단적으로 철학의 진화생물학적 변종이다. 존재론적 해석학은 그런 학문에 담긴 한계와 오류를 비판하면서 존재론적 의미에 근거한 인간 생명과 생명의 역사에 대한 이해를 추구한다.

존 그레이는 『화성에서 온 남자, 금성에서 온 여자』에서 남성적 특성과 여성적 특성에서 기인하는 심리적 차이를 분석한 뒤

이를 토대로 사랑하는 관계를 이끌어내는 방법을 소개한다.[3] 이 책은 사랑을 둘러싼 남녀 심리의 차이를 말하고 있지만, 그 차이는 우선적으로 남성과 여성의 생리적 조건이 다른 데서 비롯한다. 그것은 인지 차이로 나타나고, 나아가 남녀의 이해와 해석의 차이로 확장된다. 인간은 인간으로서의 공통된 인지 체계를 가지고 있으며 이것이 인간 인식의 보편성을 담보하는 생물학적 조건이다. 남녀의 인지 체계 차이에도 불구하고 인간은 종으로서 지니는 인식의 보편성 때문에 다른 동물과는 달리 지각하고 인지한다.

진화적으로 유연관계가 멀수록 인지 체계의 차이도 커진다. 인간과 개의 인지 차이보다 개와 꿀벌의 인지 차이가 더 클 수밖에 없다. 개는 인간과 감정을 공유하기도 하며, 비록 표현하는 소리의 차이 때문에 언어적 소통은 어려울지 모르지만 방법의 차이에도 불구하고 분명 인간과 소통한다. 반려동물을 키워본 사람들은 누구나 그와 느낌을 공유했던 경험을 지니고 있을 것이다. 우리가 지각하고 인식하는 것은 일차적으로 생물학적 인지 체계에 절대적으로 구속된다. 이와 함께 이해와 해석은 생물학적 조건의 차이 이상으로 그가 지닌 존재론적 특성에 따라 달리 구성될 것이다. 이해는 인간 존재의 본질적 특성이다. 인간은 이해함으로써 존재하며, 이해하는 만큼 존재한다. 이해는 해석과

철학의 해석학적 특성

함께한다. 해석학은 이러한 이해의 존재론적 특성에 바탕을 둔다. 이해의 존재론적 지평이란 이런 현상을 가리키는 말이다.

이러한 특성을 진지하게 수용한다면, 인간 본성을 진화론적으로 이해하는 관점은 매우 중요한 학문 이해의 전환점이라고 말해야 할 것이다. 이 문제를 가장 잘 표현한 것은 "다윈 이후" 모든 학문의 틀이 달리 형성되어야 한다고 주장하는 스티븐 굴드S. Gould의 말일 것이다.[4] 이 주장은 이미 니체F. Nietzsche가 「인간적인, 너무나 인간적인」에서 밝혔듯이 철학의 본질적 특성은 생리적生理的이며 역사적인 의식을 떠나서는 불가능하다는 인식의 전환을 의미한다. 또한 인간의 본성을 진화생물학과 문화인류학적 관점에서 새롭게 설명하려는 사회생물학이나 지식 체계를 이런 관점에 따라 새롭게 설정하려는 통섭 논의에서도 잘 드러나고 있다.[5] 그렇다, 진화론적 관점 이후, 인간의 생물학적 조건과 역사성에 바탕을 둔 해석학적 작업 없이 우리는 어떠한 의미 있는 지식도 가질 수 없음을 알게 되었다. 여기에 해석학의 철학이 지니는 의미가 자리한다. 이 해석의 철학에는 주어진 객관적 사물뿐 아니라 인간이 마주하는 세계와 사건에 대한 해석도 포함된다.

예를 들어 생명과학 시대의 해석학이나 기술복제 시대와 정보사회의 해석학은 해석학의 철학이 무엇을 지향하는지를 잘 보여주는 대표적인 사유 작업 가운데 하나다. 또는 새롭게 부각하

28

는 포스트휴머니즘post-humanism의 철학은 결정적으로 이러한 해석학의 철학에 따라 전혀 다른 방향으로 정립될 것이다. 포스트휴머니즘은 말 그대로 현재의 인간학 "이후의 인간post-human"에 대한 논의다. 그 작업은 인간에 대한 이해를 변화된 시대와 문화 상황에 맞추어 새롭게 정립하려 시도한다. 그뿐 아니라 포스트휴머니즘의 철학은 이렇게 변화된 이해와 해석에 따라 인간의 존재까지도 탈바꿈한다고 주장한다. 이처럼 해석학의 철학은 결코 텍스트에 머물지 않고 텍스트의 관계context는 물론 철학적 주제 전체로, 또는 사건과 초월성에 대한 해석으로까지 발전한다. 그러기에 존재론적 해석학은 형이상학의 지반 위에서 정립된다. 존재 의미를 따지는 학문이 형이상학이기에 이 해석학은 필연적으로 형이상학을 떠나 자리할 수 없기 때문이다. 해석학은 철학적 방법론 가운데 하나가 아니라, 그 자체로 철학적 관점을 결정하고 있는 철학의 또 다른 모습이다.

현대에서 해석학은 변화된 세계의 조건과 이해에 따라 새롭게 인간을 해명하는 철학이다. 근대 산업사회 이후 인간이 살아가는 세계와 사회는 근본적으로 변화했으며, 이에 따라 인간 역시 더 이상 전통적 철학 개념으로 이해하기는 불가능하다. 고대에서 시작되어 근대에 이른 철학적 틀로는 후기 산업사회 이후의 철학적 과제를 달성하지 못한다. 이렇게 유효성이 다한 철학 패

철학의 해석학적 특성

러다임을 넘어 다가올 새로운 사유를 모색하는 것은 지금 여기의 철학이 마주해야 할 결정적인 과제다. 이를 위한 철학이 해석학의 철학이며, 이것이 현재의 철학을 존재론적 해석학으로 규정하는 까닭이기도 하다.

4

철학의 과제

철학의 과제가 세계와 역사, 인간과 자연을 해석하는 데 있음은 자명하다. 현대 철학을 해석학으로 이해하는 까닭은 해석의 매개가 언어로 이루어진다는 자각과 함께, 이러한 작업이 철저히 인간의 내면적 상황을 떠나서는 불가능할 뿐 아니라 의미도 지니지 못한다는 자각 때문이다. 철학은 본질적으로 언어를 통한 매개 과정에 있다. 인간에게 주어지는 모든 사물 인식 역시 그 자체로 주어지는 것이 아니라 언어를 통해 매개된 것이다. 독일 관념주의 철학자 헤겔G.W.F. Hegel은 이런 점에서 철학을 매개된 직접성에서 규정하고 있다. 헤겔은 우리의 인식과 학문 작용이 사물의 직접성에 관계하는 것이 아니라 그 직접성을 매개할 때 가능하다는 사실을 강조했다. 그는 모든 것은 직접적이며 또한 매개되어 있다고 말한다.[6] 우리의 철학적 성찰은 직접적으로 주어진 객체를 주체의 지성적 작용을 통해 매개하고 있으며, 철학은 그 매개 작용의 가능성을 검토하는 데 있다는 것이다. 이 매개 작용을 해석학의 관점에서 본다면 역사적 경험과 언어에 의한 행위가 핵심 주제가 된다. 이러한 매개 작업을 현대 철학은 해석학적으로 수행하려 한다.

해석은 이해 과정에서 의미를 생성시킨다. 해석은 텍스트와 해석자의 상호작용이며 해석자를 텍스트에 매개시키는 행위다. 해석학은 텍스트의 숨은 의미를 찾는 학문이 아니라 자신의 존재로 의미를 발견하고 받아들이는 과정이다. 그러기에 해석학은 발견의 학문이 아니라 의미 생성의 학문이다. 이렇게 생성된 의미를 작품은 그 안에 보존한다. 이런 관점에서 하이데거는 예술 작품을 진리의 창조와 보존이라고 설명한다.[7] 텍스트는 창조된 의미를 보존하는 작품이다. 해석학이 의미를 생성해내는 과정이라면 이제 그 철학은 텍스트를 넘어 수많은 작품에 대한 해석으로 확장될 것이다. 문화가 하나의 작품이라면 사회와 국가 역시 인간의 정치적 작품이다. 이런 예는 헤아릴 수 없이 많다. 이해가 해석의 과정이라면 작품은 해석의 결과다.

철학적 해석학은 현대 철학의 특징인 언어학적 전환linguistic turning과 함께한다. 이 전환은 철학의 작업과 의미란 언어를 통하지 않고서는 가능하지 않다는 자각과 함께, 그 결과물인 언어에 대한 분석을 통해 철학을 수행하려 시도한다. 철학적 해석학은 철저히 유럽 철학의 옷을 입고 그들의 사유 역사의 결과로 나타난 학문이다. 철학사적 관점에서 해석학은 인식론을 넘어서는 지식의 다른 형태를 지향한다. 그 철학은 철학의 변형transformation of philosophy이며 지식이 나아가야 할 바를 가리키는 지향성의 학문이다. 이미 고대 철학에서 다양한 형태로 주어졌던 지식이 근대를 거치면서 인식론의 철학으로, 또는 17세기 이래 자연과학으로 귀결된 역사는 잘 알려진 바와 같다. 해석학의 철학은 이런 계보사적 과정을 거치면서 우리가 지향하는 새로운 지식을 틀짓고 방향지으려는 동기에서 비롯된다. 그래서 그 학문은 방향 정립의 철학인 것이다. 이것을 철학적 해석학에서는 '방향 설정orientation의 학문'이라는 용어로 표현한다. 해석학은 변혁의 시대에 우리가 나아가야 할 시대의 방향을 정립하는 사유의 학문이라는 뜻이다.

과학혁명이 본격적으로 그 위력을 발휘하던 때 독일 철학자 딜타이W. Dilthey는 자신의 해석학을 자연과학의 도약에 따라 생겨난 인문학과의 괴리, 이 두 학문의 분열에서 정신학문의 방법론으로 역사철학적 관점과 해석학을 주창했다. 이런 역사에서 보듯이 지식론 내지 학문의 방향을 정립하는 문제의식은 학문으로

철학의 해석학적 특성

서 해석학의 본질적 동기 가운데 하나다. 지식론에 관계되는 학문은 분리된 진리 인식의 시대에 필요한 통합적 지식 이해에의 요구를 담고 있다. 이런 문제의식은 스노C.P. Snow가 인문학과 자연과학이라는 두 학문에 따른 문화의 분열에 대해 경고한 데서도 잘 드러난다.[8] 이러한 비판적 해석학은 학문적 이론 체계와 내용을 넘어 시대를 이해하고 해석하는, 또 그 이해를 실천하는 사유로 확장된다. 시대를 해명하고 나아가야 할 길을 밝혀야 하는 철학의 고유한 과제는 이러한 해석학적 작업에서 계기가 주어질 것이다. 근대를 극복하고 탈근대의 방향을 모색하는 작업과 해석학의 과제는 결코 분리해서 생각할 수가 없다. 여기서 말하는 탈근대란 근대 이후의 사고가 아니라 근대가 이룩한 수많은 업적과 체계를 견뎌내면서 그를 안고 나아가는 새로움에 있다. 이 새로움과 다가올 시대를 해석하는 현대 철학의 과제를 수행하려는 데 해석학적 철학의 본래적 과제가 자리한다.

이처럼 해석학은 지식 패러다임 변화와 밀접히 연관된다. 근대에 이르러 새로운 지식론을 설정하고자 했던 베이컨F. Bacon은 아리스토텔레스 이래로 이어져온 자연 이해의 체계를 변경시켰다. 또한 사물에 대한 명석하고 판명한 지각을 추구했던 데카르트R. Descartes의 철학도 같은 맥락에서 이해할 수 있다. 지식을 이해하는 새로운 방법론은 인식론으로, 나아가 주체의 철학으로 방향지어졌다. 이러한 근대 철학의 노력은 결국 자연과학적 학문을 형성하는 이른바 과학혁명을 초래하기에 이른다. 이제 자연과학은 모든 진리의 준거가 되었으며, 이에 따라 존재론적 의미의 철학이 자리할 터전은 급격히 축소되기에 이르렀다. 지식을 객체적이며 실증주의적으로 이해하는 경향 역시 그러한 변화의 결과 가운데 하나일 것이다. 이런 학문 체계의 변화는 근대의 서구가 세계에서 강력한 영향력을 발휘하는 계기가 되기도 했지만, 존재론적 진리를 상실하게 만드는 결과를 낳기도 했다. 이에 대한 비판은 1831년 헤겔의 죽음 이후 근대성을 비판하는 수많은 철학에서 빈번하게 나타난다.

그러한 비판은 니체의 철학에서 시작된다. 그는 근대의 계몽주의 정신이 그리스의 근원적 비극 정신을 함몰시켰다고 비판하면서 유럽 철학 전체를 본질주의로 규정하고 이를 무너뜨리려는 급진적 철학을 시도했다. 니체의 철학이 '힘에의 의지'를 바탕으로 하여 실존적 인간의 관점주의를 강조한 것은 필연적 과정일지도 모른다. 힘에의 의지에 따른 관점주의적 이해는 철학의 해석학적 특성을 앞당겨 보여주는 중요한 계기가 된다.

여하튼 이런 과정에서 현대 철학은 인식 틀을 넘어 해석학의 철학으로 나아가는 계기를 찾았다. 존재자의 존재 의미를 드러내고자 했던 하이데거의 철학은 현상학적 해석학이라는 이름으로 이런 작업을 수행한 하나의 실례다. 존재자에 대한 객체적 지식론을 넘어 존재 의미를 지향하는 현대 철학의 특정한 경향은 이런 계보사적 맥락을 지니고 있다. 이제 해석학은 세계와 역사, 존재와 삶의 의미를 이해하고 해석하는 철학으로 나아가기에 이른 것이다. 이 철학은 한편으로는 전통 형이상학에 대한 파괴와 극복으로 나타나면서 다른 한편 새로운 사유를 지향하는 탈형이상학적 사유 동기를 드러내기도 한다. 또한 이성 개념을 새롭게 이해하려는 쪽으로 발전하기도 했다. 이것은 탈근대적 경향의 여러 철학이 이성의 죽음 담론을 거론하거나 전통적 이성 개념을 넘어서는 역사적 이성과 해석학적 이성, 또는 감성과 몸에 대한 담론, 이성의 통합성에 대해 논의하는 배경이기도 하다.

이러한 해석학의 철학은 어떤 특성을 지니는가. 그 철학은 무엇보다 먼저 해석하는 인간의 존재론적 의미에 바탕을 둔다. 그래서 그 해석학은 본질적으로 존재론적이다. 둘째, 해석학적 이해는 의미에 따른 이해이며, 현재의 맥락에 따른 재해석으로 이어진다. 해석학적 이해는 언제나 지금 여기hic et nunc의 해석이다. 셋째, 해석학은 존재의 시간성에 관계한다. 그것은 과거에 대한 해석과 미래의 기획이 상호작용하는 현재의 시간에서 이루어진다. 해석학의 현재적 작업은 역사성에 바탕을 둔 해석이다. 마지막으로 해석학은 초월적 해석을 지향한다. 그것은 해석학이 존재론적이기에 그 존재론적 의미는 실존하는 인간의 현실을 초월하는 특성을 지니기 때문이다. 이러한 초월론은 존재가 지향하는 바를 결단하게 만드는 해석이며, 자신의 존재를 향한 해석이기도 하다. 이를 내재적 초월론의 해석학으로 부를 것이다. 그 학문은 존재적 초월과 존재의 깊이로 내재하는 이중적 과정이기 때문이다.

인문학은 근본적으로 해석학이다. 인간에게 삶의 의미를 이해하고, 공동의 존재인 인간관계와 사회적 맥락에서 인간다움을 수용하며, 나아가 인간 존재의 성취와 드높임을 향한 지성적 노력을 보편적 의미에서의 인문학이라 부른다면 이 학문은 본질적으로 해석학적일 수밖에 없다. 그 까닭은, 이렇게 밝혀내는 인간학적 의미가 결코 선험적으로 주어져 있다기보다 매 순간 인간의 실존과 연결지어 해석되는 가운데 형성되기 때문이다. 그래서 그 학문은 철학적 학문이기도 하다.

5 해석학의 정의

해석학hermeneutics은 이 말의 어원에서 보듯이 해석의 기술은 물론 전달과 알림, 번역과 통역, 설명과 해명의 기술을 말한다. 이 단어는 희랍어 동사 "hermeneueinἑρμηνυειν"에서 파생되었다. 이 동사는 "생각을 표현하다"라는 뜻이며, 그리스 신화에서 신의 말씀신탁을 전하는 사자 헤르메스Hermes도 여기서 유래한다.

플라톤이 『대화편The Dialogues』에서 '진술하다, 주석하다 또는 번역하다' 등의 의미로 사용한 사례가 이 단어에 대한 가장 오래된 기록인 듯하다. 그에 의하면 이 말은 여러 신들의 의사결정을 전달하는 역할과 연관된다. 이 연관성 자체는 사실 애매모호하지만 상당히 개연적이다. 이 말은 신의 사자인 헤르메스, 또는 신탁Oracle이나 신의 소명, 예언 등을 이해하고 해석한다는 의미를 지넜다. 또한 이해를 통해 신탁을 수용하는 인간의 태도와도 관계되었다. 이렇게 사용됨으로써 이 말은 처음부터 단순한 예언의 기술이나 방법론적 측면과는 구별되었다.

신탁은 인간이 이해할 수 없기에 인간에게 전달되기 위해서는 언제나 해석을 필요로 한다. 신들의 말은 인간의 지혜로는 받아들일 수가 없다. 그래서 헤르메스는 신탁을 인간이 이해할 수 있는 말과 상황으로 새롭게 옮겨주는 역할을 한다. 해석학은 이처럼 단순한 번역이 아니라, 그 의미와 맥락을 이해할 수 있는 언어로 옮겨놓는 데서 시작된다. 해석에는 전달받는 자와 전달하는 자의 두 세계, 즉 다른 세계가 전제되어 있다. 그래서 해석학은 불가피하게 이러한 세계의 해석과 함께 그 토대에 대한 이해를 필요로 하며, 이를 통해서야 올바르게 정립된다. 그래서 해석학은 존재론적 특성을 지니는 것이다.

해석은 다른 세계로 넘어감, 지평의 전환을 필요로 한다. 그래서 해석학은 다른 세계, 타자성에 대한 인간 이해의 조건과 형태에 관계되는 원리를 요구하는 것이다. 플라톤은 「에피노미스Epinomis」에서 "여러 종류의 기예techne 가운데 신의 뜻을 물을 수 있는 기술, 지식으로서 해석"을 언급한다. 그것은 신의 뜻을 인간이 이해할 수 있는 말로 해석하는 것이며, 나아가 우주의 근원과 사물의 근원을 로고스logos로 드러내는 작업을 의미한다. 해석은

철학의 해석학적 특성

일차적으로 세계의 근거와 그에 대한 이해로서의 로고스와 관계된다. 이런 측면을 넘어 아리스토텔레스는 학문론을 다룬 책 『기관Organon』 중 「해석에 관하여peri hermeneias」에서 해석학은 해석이 아닌 논리적 문법에 관한 것으로 규정한다. 여기에서 보듯이 해석이라는 말은 "드러내는 판단"이라는 의미로 사용되기도 했다.

한편 고전 해석학은 성서에 빈번히 나타나는 비유에 대한 우의적 해석allegoria과 문자적이며 문법적인 해석 사이의 긴장 관계와도 연관된다. 여기에는 유형적 해석typology이나, 해석을 위해 중요한 역사적 맥락과 실존적 조건, 존재론적 의미 등이 해석학의 잠정적 주제로 암시되었다. 또한 신의 존재는 절대적이기에 하나의 말로 규정할 수 없다는 인식은 이미 고대로부터 이어져왔다. 그에 따라 신을 유비적으로 표현하는 태도 역시 익숙한 전통이었다. 이러한 해석학의 전통으로 알렉산드리아의 필론Philon von Alexanderia, 오리게네스Origenes, 카시아누스Cassianus, 아우구스티누스Augustinus 등의 성서에 대한 해석학적 견해를 거론할 수 있다. 그것은 유대 민족의 구원사인 구약성서와 보편적 구원사를 선포한 예수의 말씀 사이의 긴장에 해석학이 어떤 해소의 답을 제시하고 그에 대한 도움을 제공하려는 노력 가운데 하나였다.

신학적 해석학의 근본 취지를 신학자 심상태는 역사 안에 유일회적으로 역사한 나자렛 예수의 사건과 "그 내적 결실로 생겨난 그리스도교의 사적 사실성"을 "계시 진리로 구명하는 학문"으로 이해한다. 그래서 이 학문은 궁극적으로 존재해석학에서 동기를 찾을 수 있을 것이라고 말한다. 그는, 그리스도교 신앙 진리의 보편성을 제시하기 위해 해석학의 역할에 대해 논구하는 작업은 성서의 가르침을 현재화하기 위해 그리스도인이 거쳐야 할 지적 작업 가운데 하나라고 생각한다.[9] 그것은 신학적 해석학을 성서의 현재화로 이해한다는 뜻이다.

그와는 별개로 근대적 의미에서 이해되는 성서해석학은 1654년 단하우어_{J. Dannhauer}의 『해석학_{Hermeneutic}』에서 신학적이며 문헌학적 맥락으로 쓰이면서 시작되었다고 볼 수 있다. 그것은 일차적으로 신과 성서에 대한 올바른 해명을 의미하며, 이미 교부_{Church Fathers} 시대부터 이어져온 전통을 계승한 것이기도 하다. 이처럼 해석학은 이미 신학 분야에서는 오랜 기원을 지니고 있지만 철학에서 거론되기 시작한 것은 17세기 이후의 일이었다.

계보학적 관점에서 철학적 해석학의 여러 유형을 거론한다면, 우선 고전 해석학과 문헌 해석학, 이어 존재론적 해석학과 해체론적 해석학, 의사소통적 해석학과 현상학적 해석학을 꼽을 수 있다. 슐라이어마허_{F. Schleiermacher}와 딜타이가 고전적 의미에서 해석학의 문을 열었다면, 이것은 곧 서구의 신학적 해석학 내지 문헌 해석학과의 상호 영향에서 가능했으며, 또한 이러한 조류와 밀접히 연관되어 있다. 그 뒤를 하이데거와 가다머에 의한 존재 진리의 해석학이 일정 부분 딜타이의 영향에 힘입어 이어졌다. 이렇게 형성된 존재 진리의 해석학은 현상학적이며 존재론적인 관점에서 해석학의 전환에 결정적인 역할을 하게 된다.

2

성서해석학

1 해석학의 탄생

　철학적 해석학은 성서해석학의 선행 작업 없이는 가능하지 않았을 것이다. 성서해석학이 철학적 해석학에 끼친 영향 가운데 가장 중요한 점이라면 역사적 해석이라는 관점일 것이다. 성서 저자는 결코 적은 숫자가 아니며, 성서의 여러 장들은 작성된 연대도 매우 다양하다. 전승되어오던 이야기들이 책으로 엮이기까지는 오랜 시간이 걸렸다. 가장 오래된 성서 구절이 형성된 때는 기원전 1000년경이며, 이후 기원전 6~7세기 바빌론 유배 이후에 「창세기」 등 모세오경이 편집되거나 새로 작성되었다. 이후 이스라엘의 역사를 거치면서 연대기와 예언서 등의 기록이 추가되었으며, 가장 마지막에 쓰인 것으로 추정하는 「마카베오서」는 기원전 120년경에 와서야 완성된다. 거의 1,200년의 간격을 두고 쓰인 성서가 같은 단어를 쓴다고 해서 같은 뜻을 지닐 리는 없지 않은가. 같은 "하늘"이라는 말을 쓰더라도 기원전 1000년경의 하늘과 기원후의 하늘을 사람들이 같은 기의記意로 이해했을 리는 없다.

또한 헬레니즘의 영향을 받은 신약 시대의 사람들은 이 성서가 아니라 그리스어로 번역된 『70인역성서Septuagint: LXX』를 통해 성서 말씀을 접하게 된다. 성서의 연대기에 담긴 시간적 차이와 다양한 저자들이 지닌 문화적 차이 때문에 성서는 결코 한 가지 뜻으로만 읽어낼 수가 없게 된다.

성서의 세계는 현대 과학기술 시대의 세계와 다르다. 문화가 다르며 자연에 대한 이해는 물론, 역사와 인간에 대한 이해 역시 엄청난 차이를 지닌다. 성서에 쓰인 문자는 다양한 배경과 시간적, 문화적 차이를 지니고 있기에 결코 문자 그대로 이해할 수가 없다. 그래서 가다머는 신학적 해석학의 취지를 "성서의 생성 배경이 되는 삶의 맥락까지도 역사적으로 복원해야" 하는 작업으로 요약한다.[1] 역사적 관점은 성서가 쓰인 연대기적 차이와 함께 그 시대의 역사적 문제의식을 담고 있기 때문만이 아니라, 성서를 읽고 해석하는 사람의 역사적 현재 역시 해석적 상호작용을 불러일으키기 때문에 중요하다. 해석학은 역사적이며, 역사성에 대한 성찰을 떠나서는 결코 올바르게 정립되지 못한다.

계보사적 관점에서 해석학은 먼저 성서해석학에서 시작되어 철학적 관점으로 확대되고 적용된 학문이다. 해석학이 유럽적 맥락에서 생겼다고 하더라도 해석학적 철학은 훨씬 더 보편적 인간 심성에 따른 학문이라고 말해야 옳다. 왜냐하면 이해를 위한 해석 작업은 인간이라면 누구나 수행하는 본질적 행위 가운데 하나이기 때문이다. 이미 동아시아 철학에서도 성현의 말씀을 담은 경전에 대한 해석을 불가피한 작업으로 생각했다.

비록 동아시아 전통이 자신의 사유를 전개하는 독창적 철학보다 성현의 말씀을 풀이하고 이를 근거로 자신의 생각을 주장하는 것이 주된 흐름이었음에도 그러하다. "설명하되 짓지 않는다 [述而不作]"는 『논어』의 표현이 이런 생각을 잘 나타내고 있다. 그럼에도 경전 이해의 차이와 그에 따른 독창적 사유의 발전 없이 동아시아 철학을 설명하기는 불가능하다. 그러므로 '술이부작'이라는 표현도 단순히 성현의 말씀을 되풀이한다는 뜻이 아니다. '술述'하기 위해서도 해석하는 작업이 필요하다. 이해하고 해석하려는 인간의 본성에 미뤄 본다면 철학과 사유의 발전은 물론, 그 시대와 시간에 따른 이해의 새로움과 변화는 역사적 필연이기 때문이다. 그래서 우리는 이 책에서 철학적 해석학이 아니라 해석학의 철학을 말하며, 유럽 철학이 아니라 보편적 심성에 기반을 둔 해석학의 철학을 말하는 것이다.

2

초기 그리스도교의
성서 해석

신학적 해석학은 일차적으로 루터에 의한 종교개혁과 이에 맞
선 가톨릭교회의 트리엔트공의회Council of Trent 이후의 대결에서
비롯한다. 종교개혁을 둘러싼 싸움은 곧장 성서에 대한 올바른
이해를 다투는 논쟁으로 이어질 수밖에 없었다. 그래서 가다머
는 성서해석학을 "근대의 정신학문적 해석학의 전사前史"라고 말
한다. 물론 유대교의 랍비들도 구약성서를 문자적으로만 이해하
지는 않았다. 그들은 성서를 문자 그대로 읽는 것은 불가능하며,
끊임없는 재해석을 통해 실천으로 이어가야 한다고 생각했다.
성서의 가르침은 읽는 사람이 성서의 감도感導에 의해 존재와 삶
에서 변화를 불러일으키는 힘을 준다. 이러한 변화는 성서를 살
아 있는 말씀으로 이해할 때 비로소 가능하다. 성서의 이야기들

은 그 사건이 일어난 때의 기록이 아니라 성서를 기록한 그 시대의 상황을 반영하고 있다. 이른바 토라torah라 불리는, 「창세기」를 비롯한 구약성서의 처음 다섯 권의 책은 지금의 팔레스타인 지역에 살던 유대 민족들이 아시리아 제국에 의해 바빌론으로 끌려갔던 기원전 597년경의 신학적 반성을 담고 있다. 그것은 객관적으로 있었던 역사의 기록이거나 엄밀한 사실적 기술이 아니다. 이런 사실이 벌써 성서를 문자적으로만 이해하는 것은 전혀 타당하지 않음을 보여준다.

성서에는 사실적으로 이해할 때 도저히 받아들일 수 없는 모순된 기록들이 수없이 발견된다. 나아가 성서는 하느님의 말씀이기에 성서를 읽는 이들을 변화시켜 신에게로 이끌지 못한다면 아무런 의미도 지니지 못한다. 그래서 랍비들은 성서를 미크라Miqra라 불렀다. 이는 성서의 가르침은 읽는 이들에게 행동으로 드러나 그를 변화시킬 때에야 비로소 의미를 지닌다는 생각에서 그들이 성서를 규정했던 말이다. 성서는 문자 그대로의 설명이 아니라 끊임없는 연구와 실천을 통해 살아 있는 말씀으로 드러나야 한다. 이렇게 성서를 읽는 방법을 그들은 미드라쉬Midrash라고 했다. 미드라쉬는 성서란 언제나 새롭게 이해하고 해석해야 함을 강조하는 성서 읽기 방법을 압축적으로 표현한 말이다.

이런 전통은 신약성서에서도 마찬가지로 유지되었다. 구약과 신약의 관계를 그들은 예형론topology으로 설명한다. 신약에서 이루어지는 수많은 구원 사건은 구약에서 이미 예정된 형태로 기술되어 있다는 관점이다. 그러기에 신약성서의 기록이나 지상 예수의 말씀도 새롭게 이해하고 읽는 이들의 현재에 따라 해석되어야 한다. 부활한 예수가 제자들에게 성서의 모든 말씀을 "열어"주었을 때 제자들은 가슴이 "뜨거워지며" 비로소 눈이 뜨여 이해할 수 없었던 지상 예수의 말씀을 알아듣게 되었다고 한다. 4복음서 가운데 가장 늦게 기술된 「요한복음서」의 경우는 논란의 여지는 있지만 대략 기원후 100년경 이전에는 복음서가 완성되지 않았을 것으로 추정한다. 그렇게만 보아도 신약성서는 예수 사후 거의 70년이 지난 뒤의 기록인 셈이다. 당연히 여기에는 초기 그리스도교가 처한 시대적 상황과 정치적 관계는 물론, 그 시대를 살아야 했던 그리스도인들의 이해와 실존적 상황에 따른 문제의식과 그에 대한 논의들이 담길 수밖에 없다. 후대의 서술은 그 시대에서 새롭게 이해하는 예수의 행적과 말씀에 대한 신학적 해석은 물론, 이미 상당한 형태를 갖추고 있던 교회의 상황과 문제에 대한 나름의 해명을 예수의 행적을 통해 기술하였던 것이다.

성서를 편집했던 이들은 이야기의 객관성에는 전혀 관심이 없었다. 성서의 이야기를 객관적 사실로 받아들이려는 태도는 근대 철학 이후에 일반화된 현상일 뿐이다. 주체와 구별되는 대상에 대한 객관적 인식이라는 생각은 근대 문화의 독특함이라고 말해도 좋을 것이다. 고대 문화와 사회에서 이런 생각은 매우 낯설었다. 성서를 기록한 사람들에게는 예수를 통해 주어진 구원의 말씀과 구원 사건을 알리는 것이 중요했지, 객관적으로 어떤 일이 어떻게 이루어졌는지에 대한 지식에는 관심이 없었다. 중요한 것은 예수 사건을 통해 주어진 구원사이며 하느님의 계시였다. 성서의 기록은 객관적 사실을 밝히기 위한 것이 아니라 성서를 읽는 사람들에게 일어날 변화와 그를 통해 하느님의 구원 사건이 현실화하는 데 목적이 있었다.

성서를 편집한 사람들뿐 아니라 초기 그리스도교 신학자들은 이른바 지상에서 구체적 삶을 살았던 예수와 부활 사건을 통해 신앙으로 승화한 그리스도에 대한 신학적 문제를 체계화하고 또 해명하기 위해 그 당시 문화를 지배하던 그리스 철학을 원용하였다. 이 초기 신학자들을 교회를 설정한 아버지와 같다고 하여 후대에 이들을 교부敎父라 부른다. 교부들은 그리스 철학을 필요로 했지만, 또한 그리스 철학과 구별되는 그리스도교의 독특함과 그들이 이해한 하느님에 대한 이해를 성서 해석을 통해 구체화하려 했다. 그리스도교에서는 이미 성서에 대한 축자적 이해를 넘어서는 해석학적 전통이 자리하고 있었던 것이다. 예를 들어 알렉산드리아 학파라 불리는 일단의 교부들은 성서를 읽고 해석하는 다양한 방법을 제시했다.

이들은 문자적 읽기를 넘어 신앙에 기초한 해석과 함께 성서의 비유를 이해하는 방법과 상징적 해석을 제시하기도 했다. 그 노력은 성서를 우선 문자적으로 이해하고 이를 실천적인 면과 연결되는 해석으로, 그리고 영적이며 상징적인 우의적allegorical 해석으로 발전하였다. 이렇게 성서를 읽고 해석하는 사람들은 결국 자신의 존재론적 변화를 불러일으켜 자신을 신의 존재로 상승하게 만들어줄 이해를 필요로 했다. 이런 계기를 그들은 신비적anagogical 해석에서 찾았다. 성서 읽기는 존재론적 변화를 불러일으키지 않으면 아무런 의미도 없다. 해석은 결국 나의 존재를 변화시키고 승화시키는 계기로 작용해야 한다. 여기서 보듯이 해석학은 존재론적 맥락에 따라 이루어지며, 그 존재론적 의미를 지향한다.

3

근대의 신학적 해석학

신학적 해석학의 시작

신학적 해석학은 고대 교회에서는 성서를 주석한다는 의미로 쓰였다. 이런 의미에서 해석학사는 기독교 교부들에 의한 성서 해석사와 동일시되어왔다. 안티오키아 학파의 신학자들은 성서에 대한 문자적이며 자의적 해석을 선호했다. 이들은 문헌 주석에 치중하였다. 그들은 성서가 말하는 의미를 올바르게 알아듣기 위해서는 우선 문자적이며 자의적字義的인 이해가 선행되어야 한다고 주장했다. 이에 비해 이들과 대립했던 알렉산드리아 학파의 신학자들은 성서를 비유적이며 상징적으로 해석하려는 경향이 강했다. 예수 자신이 수많은 말씀을 비유로 말하지 않았던가. 그래서 교부 시대 가장 중요한 신학자라 말할 수 있는 오리게네스Origenes는 성서의 문자들이 성령에 의해 감도되었다는 성령감도설을 지지하지만, 이는 어디까지나 상징적인 계시라고 주장한다. 신약성서의 모든 기록은 구약성서에서 이미 예언되었던 사건이 실제로 충족된 것이라고 주장하는 예형설에 따라 이들은 성서를 상징적이거나 유추적인 해석을 통해서야 올바른 의미를 알아들을 수 있다는 입장을 취했다. 이처럼 이미 고대에서부터 성서에 대한 다양한 해석의 가능성이 열려 있었지만 성서 해석을 둘러싼 본격적인 논쟁이 벌어진 것은 종교개혁 이후의 일이었다.

루터파 신학자인 플라시우스M. Flacius, 1520~1575는 독자적으로 올바른 주석론으로서의 해석학적 작업을 시작했다. 그는 성경의 의미와 설명에 대한 판단을 교회의 권위에서 찾았던 가톨릭의 트리엔트공의회에 반대하여 보편타당한 성서 주석의 가능성을 보장했다. 이는 종교개혁 당시 마르틴 루터가 가톨릭교회의 권위에 대항하여 구원을 위한 세 가지 명제 가운데 하나인 '성서만으로Sola Scriptura'의 주장을 펼친 흐름에 부응하는 것이었다. 이는 루터파 신학에서 성서에 대한 이해가 신앙 전체를 결정하는 가장 중요한 요인이었기 때문이기도 했다. 성서해석학은 성서에 대한 문헌적 이해와 교리적 이해가 순환하는 과정에 있었다. 이러한 논의는 단하우어의 『성문서 해석 방법』1654에서 명확한 명칭으로 처음 등장한다. 여기서 보듯이 초기의 해석학은 주로 올바른 성서 주석의 규범을 제시하는 주석 기술론으로 자리 잡았다. 그 이래로 각 종파에서는 그들 나름의 성서 해석 원리를 제시하면서 해석학은 학문적 체계를 갖추게 되었으며, 그 설득력과 영향력을 넓혀갔다.

초기 기독교에서의 성서 해석은 주로 '축자영감설verbal inspiration'에 따른다. 이는 성서가 쓰인 배경과, 텍스트에 대한 역사적 이해를 무시하고 성서의 구절들을 있는 그대로 받아들이려는 생각이다. 성서가 형성된 역사적 맥락에 대해서는 눈을 감고 오직 문자 그대로만 성서를 이해하려 한 것이다. 이러한 논의의 바탕에는 성서에 쓰인 글들은 절대적으로 오류를 담고 있지 않다는 '성서무류설biblical inerrancy'이 자리한다. 성서의 말씀은 신이 직접 계시한 말씀을 저자들이 받아 적은 것에 불과하다는 것이다. 그러나 근대에 이르러 자연과학의 이상과 이성주의로 인한 역사비평적 성서해석학의 운동들이 발전하면서 이런 생각은 사라지게 된다.

한편 슈트라우스D.F. Strauss의 『예수의 생애』1835는 성서 연구의 비판적인 연구에 결정적으로 기여한다. 그는 성서에서 전래된 거의 대부분이 신화에 속하며 과학적으로 극복되어야 한다고 생각했다. 이는 성서 연구에서 "역사적 · 비판적 방법"의 시발점이 되었다. 이 세계와 역사에 신의 직접적 간섭은 없으며 계시 사건과 기적이나 사실적으로 있을 법하지 않은 사건에 관한 성서의 모든 보고는 역사적 비판을 견디어내지 못하므로 배제되거나 달리 설명되어야만 한다. 그런 서술은 의미를 전달하기 위한 은유이거나 그들이 체험한 바에 대한 것일 수 있다.

불트만의 탈신화화의 해석학

성서해석학에서 철학적 해석학의 영향을 받은 경우는 독일 마르부르크Marburg 대학 교수였던 신학자 불트만R. Bultmann의 주장을 꼽을 수 있다. 그는 같은 대학에 재직하던 마르틴 하이데거의 영향하에 성서에 대한 새로운 해석학의 방법을 발전시켰다. 그 방법론이 현대 성서해석학에 큰 영향을 끼친 이른바 탈신화화demythologization와 실존론적 해석학이었다. 탈신화화란 성서가 쓰인 당시의 문화적 배경에 따라 신화적 세계관에 입각하여 대부분의 텍스트가 작성되었다고 보는 데서 출발한다. 만일 성서를 본래 의미된 내용대로 올바로 이해하고자 한다면, 그 말씀을 우리와 거리가 멀고 우리에게 생소한 즉 신화적 세계상에서 빼내어 읽어야 한다. 성서는 성서를 마주하는 그 시대의 세계 이해 속으로 번역해놓아야 한다. 탈신화화의 과제는 신화적인 진술을 제거하는 데 목적이 있다기보다 현대 세계에 적합한 해석학적 방법을 제시하는 데 있다. 성서가 쓰인 시대의 세계 이해와 그것을 읽는 시대의 세계 이해, 또는 신적 세계에 대한 이해의 방법이 다르기 때문에 이 시대의 세계관에 따른 이해는 결국 그 시대의 신화적 세계관을 벗어나는 데 있다는 것이다.[2]

또한 불트만은 성서의 말씀을 신화적인 표상 영역에서부터 우리의 현대적인 자기 이해와 세계 이해에로 번역해야 한다면, 이는 세계 내에서 살아가는 인간의 실존적 이해로의 번역을 뜻한다고 생각한다. 우주론이 아니라 인간학적인 관점에서 신화적 표현의 의미가 드러나는 까닭에 성서는 실존적 지평에서 비로소 올바르게 받아들여진다. 그래서 불트만의 성서해석학에 따르면, 성서의 신화는 "우주론적으로서가 아니라 마땅히 인간학적으로, 또는 더 나은 말로 실존론적으로 해석"되어야만 하는 텍스트다. 성서의 말씀은 실존적 지평으로 옮겨져야 하며, 그를 통해 인간의 실존적 변화를 지향한다. 그런 까닭에 성서의 신화는 그것의 객관적 표상이 아니라, 이 표상에서 드러내고자 하는 실존적 이해를 위한 표현으로 받아들여야 한다. 성서 주석의 가장 중요한 과제는 이처럼 성서가 지향하는 본래의 목적에 미루어 성서의 다양한 표현을 해석하는 데 있다. 성서는 성서를 읽는 지금 여기의 독자에게, 그의 삶과 존재를 위해 해석되고 또 그렇게 이해되어야 한다. 성서는 성서를 마주하는 사람을 신에게로 돌아서게 만드는 실존적 결단을 위한 텍스트이기 때문이다.

성서해석학

현대 성서해석학

성서에 대한 오랜 주석학적 연구는 성서의 여러 글들이 오랜 시간을 거치면서 다양한 의도와 양식에 따라 쓰였을 뿐 아니라, 그 텍스트 역시 네 가지 다른 전승에 의해 형성되었다고 보는 것이 일반적이다. 이를 전승 비평이라 부른다. 구약의 문헌은 그들이 믿는 신을 표기하는 방법에 따라 다른 전승을 지닌다. 이것은 신을 야훼Jahweh로 부르는 야훼계J로 표시, 엘로힘Elohim으로 호칭하는 엘로힘계E로 표시를 비롯하여 사제들이 편찬했다 하여 사제계Priest, P로 표기, 신명기Deuteronomy 저자들이 쓴 것으로 추정하는 신명기계D로 표기의 문헌으로 나뉜다. 이렇게 문헌을 작성한 유형에 따라 성서의 기원을 달리 풀이한 설명을 고전문헌 가설이라고 하며 독일 성서학자 벨하우젠J. Wellhausen이 집대성했다.

「창세기」에는 1장 1절에서 2장 3절까지와 2장 4절에서 3장으로 이어지는 두 번의 창조 이야기가 있다. 이를 성서학자들은 앞의 대목을 사제계가 작성했으며, 이들이 야훼계에 의해 별개의 전승으로 전해오던 뒤의 대목을 첨가하여 편찬한 것으로 추정한다. 창조 서사가 이처럼 상이한 전승을 지니고 있거나 다른 저자들에 의해 편찬되었다는 말은 이 이야기를 통해 드러내려던 바가 각기 다른 생각과 의도에서 생겨났다는 뜻이기도 하다.

그래서 성서의 초기 문헌을 결정하는 이른바 모세오경은 이스라엘의 첫 조상인 아브라함과 그 전통을 중심으로 이어지는 이른바 성조 전승과 이집트의 비참한 생활에서 탈출하는 과정을 중심으로 이스라엘의 신앙을 체험한 탈출 전승이라는 두 기원이 뒤섞여 있다. 최근의 연구에 따르면, 성서는 이렇게 두 갈래로 전승되어오던 기원과 그에 따른 여러 문헌을 기원전 6세기경 사제 계들이 편집한 것으로 추정한다. 이 원전들 가운데 마소라 본문 Masoretic Text은 어떤 경우라도 7세기 이전으로 소급하지는 않는다고 보고 있다. 그 까닭은 바빌론 유배에서의 역사적 경험이 이스라엘의 민족적 정체성과 함께 신에 대한 신앙을 결정적으로 확인하는 계기였다고 보기 때문이다. 그와 함께 중요한 성서의 판본도 크게 네 가지 다른 형태를 지니고 있다.

이 본문과 함께 기원전 4세기경의 작품으로 추정하는 사마리아 오경, 사해쿰란 지역에서 발견된 문서, 마지막으로 헬레니즘의 영향하에 그리스어로 번역된 『70인역성서』가 그것이다. 이런 다양한 판본과 역사적 시간의 차이를 무시하고 성서를 단일한 텍스트로 읽는다면 성서의 의미를 오독할 수밖에 없지 않을까. 이런 역사적 경험과 당시의 사회적이며 문화적인 배경을 떠나 성서라는 문헌을 올바르게 이해할 수는 없다. 성서해석학은 결국 이러한 문헌 가설과 문헌 비평에서 시작되었다. 그후 역사비평적 연구방법, 편집과 전승 비평, 양식 비평과 유형 비평은 물론,

구조주의 방법론과 설화 분석론 등을 거치며 해석학의 전형으로 정착되었다.[3] 또한 성서를 읽는 사람의 영적 변화를 시도하는 영적 독서Lectio Divina의 방법도 넓은 의미의 해석학적 방법이라고 말할 수 있다. 슐라이어마허 이래의 철학적 해석학을 올바르게 이해하기 위해서는 이러한 성서해석학에 대한 지식이 반드시 필요하다.

다양한 성서 본문에 따라 신과 인간에 대한 해석에서 결정적 차이를 보여주는 대표적 사례가 「출애굽기Exodus」 3장 14절이다. 마소라 본문 등은 신이 자신을 "나는 있는 나다"는 말로 표현하지만 그리스 철학의 절대적 영향 아래에 놓여 있었던 『70인역 성서』는 이를 "나는 있는 자다"로 옮긴다. 이에 따라 후대에 신을 존재자체, 또는 플라톤적 철학의 맥락에서 존재자의 원천이며 영원불변하는 존재로 해석하는 근거가 되기도 했다. 이런 해석을 비판하면서 종교학자 암스트롱K. Amstrong은 이 말은 사실 히브리인들에게는 "이것은 내 일이니 너는 너의 일이나 해라"는 관용적 표현이라고 말하기도 한다. 또는 후대 신학자들 가운데 이 구절을 신을 모든 존재자를 있게 하는 자, 즉 "나는 있게 하는 자다"로 해석하기도 한다. 이는 존재의 본질을 영원불변의 관점에서 이해하는지, 아니면 생성의 관점에서 받아들이는지를 결정하는 매우 중요한 철학적 관점의 차이를 반영한다.

존재와 생성이라는 관점에서 철학적으로 중요한 의미를 지니는 성서의 내용은 무엇보다도 창조 서사에 대한 기록이다. 「창세기」 첫 장에 나오는 "무無에서의 창조creatio ex nihilo"라는 말은 헬레니즘의 세계에서 번역된 『70인역성서』에 따른 창조 이해이다. 구약성서의 신이 세상을 없음에서부터 창조했다는 이해와 그와는 별개로 신을 창조의 원천이며 세상의 주재자로 이해하는 주장 사이에는 엄청난 차이가 있다. 오늘날 유럽 철학에서 신에 대해 설명하는 다양한 해석과 철학의 차이를 생각해보면 이런 다른 해석이 얼마나 중요한 의미를 지니는지 알 수 있을 것이다. 존재와 본질에 대비되는 생성과 실존 개념은 전혀 다른 철학을 반영한다. 니체조차 그리스적 철학으로 해석된 영원불변과 존재자의 근원이라는 관점에서 신을 이해하고 있지 않은가. 「즐거운 학문」의 그 유명한 "신은 죽었다. 우리들이 신을 죽였다"라는 미친 사람의 절규를 하이데거는 플라톤적 본질주의 철학을 거부하는 근거로 해석하고 있다.

성서해석학

4

양식 비평학

양식에 따른 해석의 차이

성서의 다양한 양식에 주목하여 성서 텍스트를 분석한 양식 비평학은 독일의 구약학자 궁켈H. Gunkel, 1862~1932에 의해 시작되었다. 그에 따르면 성서의 수많은 텍스트는 여러 다양한 양식으로 이루어져 있다. 텍스트는 전하고자 하는 의도에 따라 그에 적합한 양식을 지닌다. 이런 양식의 차이를 무시하면 텍스트를 오독하는 실수를 범하게 된다. 모란꽃의 아름다움을 노래한 김영랑의 시를 꽃에 대한 식물학자의 보고서로 읽는다면 어떤 결과가 날지 상상해보라. 새로 발표한 최신 음반을 선전하는 아이돌의 뮤직비디오를 2차 세계대전 당시 일본 제국주의의 만행을 고발하는 동영상과 같은 관점에서 바라볼 사람도 있을 법하지 않다.

해석학

엄격한 육하원칙에 의해 쓰이는 텍스트와 시적 감수성에 따라 자신의 마음의 흐름을 자유롭게 기술하는 텍스트의 차이를 생각해보라. 이들은 모든 텍스트는 일정한 양식과 유형에 따라 기술되며, 그 양식의 범위를 넘어서지 않는다는 점에 주목한다.

편지에도 시대마다 다양한 양식이 존재한다. 그에 따라 편지를 쓰는 시간과 장소, 인사말, 본문 등은 다르게 표현된다. 독일어 편지는 예외 없이 경칭이나 애칭을 쓰는 서두의 문구가 정해져 있다. "존경하는Geehrte/Geehrter" 또는 "사랑하는Liebe/Lieber" 등의 표현은 관용구일 뿐 고백과는 아무런 상관이 없다. "사랑하는 효주 씨"라는 인사 문구를 정말 '이 사람이 나를 사랑하는구나' 하며 읽는다면 어떤 일이 벌어질까. 할머니가 전해주는 이야기는 예외 없이 "옛날 옛적에"로 시작되기에 이 머리말을 읽는 사람은 누구도 법조문이나 광고문을 기대하지 않는다. 곰이 100일 동안 마늘과 쑥을 먹고 사람이 되었다고 말해도 아무도 "거짓말"이라고 화를 내지는 않을 것이다.

설교문의 경우 그 텍스트는 종교적 터전에서 생겨나 성직자의 신앙적 의도가 담겨 있다. 듣는 이들 역시 이런 터전을 전제한 채 그 글을 읽거나 혹은 설교를 들을 것이다. 텍스트의 의도와 목적, 쓰인 양식을 무시하면 오독은 불가피해진다. 그에 따른 결과는 때로 치명적일 수 있다. 성서학자 테시거W. Thesiger는 1945~1950년에 아라비아 사막을 여행하다가 두 대상(隊商)이 만났을 때의 모습을 기록했다. 그에 따르면 이들 대상은 먼저 서로의 이름을 부르고 확인한 뒤, 평화를 빈다는 말과 함께 관행적 인사와 대화를 나눈다. 이 과정은 사실을 확인하려는 데 의도가 있지 않고, 이를 통해 관계를 확인하려는 데 있다. 따라서 그 의도에 맞는 반응이 따르지 않으면 곧 싸움이 나거나 심하면 죽음으로 치닫는 결과를 낳기도 했다.

이런 까닭에 양식 비평학은 텍스트의 양식 차이에 주목한다. 성서의 텍스트도 양식의 차이에 따라 전혀 다른 의미로 읽히게 된다. 모든 텍스트는 전하려는 의도에 따라 다른 양식으로 쓰였으며, 다양한 양식은 그런 양식을 선택한 목적에 따라 결정된다. 해석은 이런 양식의 차이, 양식에 담긴 텍스트의 배경과 역사에 따라 달리 행해져야 한다. 또한 텍스트를 접하는 사람의 의도와 기대 역시 그에 따라 전혀 다른 형태로 방향지어진다. 탐정소설과 수필을 읽을 때 사람들이 기대하거나 해석하는 방식은 결코 같을 수가 없을 것이다. 성서는 다양한 형식의 문헌들로 이루어져 있다. 역사를 기록한 글이 있는가 하면 편지글은 물론 시편과 고백문, 또는 예언서와 법조문이 섞여 있다. 이렇게 다양한 형식의 문헌은 전달하고자 하는 의도와 목적에 따라 달라질 수밖에 없다.

텍스트의 양식과 삶의 자리

텍스트에는 그 양식에 따라 수많은 다양한 형태가 존재한다. 우선, 우리에게 전래된 텍스트만 보더라도, 전설, 민담, 수수께끼, 격언과 동화 등의 언어 양식이 있다. 또한 실록과 역사서, 재물보고서, 법정 소송서 등이 있을 것이다. 나아가 고대소설 또한 다른 양식으로 쓰여 있다. 하일지의 「경마장 가는 길」과 김시습의 「금오신화」가 다른 양식과 방법으로 쓰였음은 자명하다. 그에 따라 이 책을 읽는 사람들의 태도와 기대하는 바도 달라진다.

그와 함께 인간의 역사와 문화, 사회의 발전에 따라 언어의 새로운 양식들이 발전하고, 그러한 사건을 기록하는 새로운 양식들이 생겨난다. 광고 문안과 세탁기 사용 설명서는 옛날에는 없던 문서다. 일기예보 역시 고대에는 없던 양식으로 전달된다. 「금오신화」와 「구운몽」 같은 소설도 그 당시로서는 전혀 새로운 서술 양식이었지만, 지금은 '판타지'처럼 또 다른 형태의 소설이 생겨났다. 판소리는 조선 후기에 존재했던 양식이지만 지금은 그 존재론적 자리를 상실했다. 그것이 담당했을 사회적 기능과 양식은 지금은 어떤 형태로 표현되고 있는가. 오늘날 쌍방향 소설이나 하이퍼텍스트hypertext의 독특한 양식은 물론, 그림 형제가 수집한 독일 동화 역시 특정한 양식, 즉 "옛날에 한번은Es gibt einmal"이라는 표현으로 시작한다. 이런 글은 시대가 변하면서 삶

65

의 자리가 변하거나, 때로는 그 자리를 상실한 텍스트이다. 삶의 자리가 변하면 글의 의미도 전혀 다르게 변하며, 삶의 자리를 상실한 텍스트는 텍스트로 존재하지 못한다.

이처럼 텍스트가 생겨난 터전과 의도, 쓰인 양식의 차이에 따른 해석의 차이를 강조하는 양식 비평학은, 무엇보다 텍스트는 일정한 삶의 자리를 지닌다고 말한다. 삶의 자리Sitz im Leben는 텍스트가 태어난 터전이며 고향이다. 각각의 텍스트가 전하려는 의도와 목적은 물론, 그 텍스트가 형성된 문화적, 사상적 배경이 그 텍스트의 태생지로서 삶의 자리다. 모든 텍스트는 이러한 삶의 자리에 대한 고려가 없을 때 필연적으로 전혀 다른 뜻으로 읽힐 수밖에 없게 된다. 심지어 정반대의 뜻으로 읽히거나 아예 죽은 텍스트가 되기도 한다. 해석학은 텍스트의 터전, 삶의 자리를 명확히 이해하는 선행 작업을 필요로 한다.

디벨리우스M. Dibelius, 1883~1947는 신약성서의 양식 비평학을 창시한 사람이다. 그는 자신의 책 『복음서의 양식사학Die Formgeschichte des Evangeliums』1919에서 성서의 수많은 구절들을 일정한 양식으로 분류했다. 여기에는 선포하는 말과 훈계하는 말은 물론, 권고문과 법령, 고백하는 말과 경고하는 말, 비유와 은유 등 전혀 다른 양식들이 자리한다. 복음서에서 예수가 어떤 말을 하면 사람들은 즉시 그 말의 삶의 자리를 알아들었다고 한다. 그에 비해 성서를 읽는 후대 사람들은 많은 경우 이 삶의 자리를 혼동하거나, 사라진 삶의 자리 때문에 오독하게 되는 경우가 빈번하게 일어난다. 성서가 아니더라도 우리에게는 동화와 신화, 우화는 물론 사건과 사실을 기록한 글과 법전, 고백과 사죄문, 격언과 계약서가 다른 양식으로 기술되어 있으며 그를 혼동할 때 그 의미도 달라진다는 사실은 너무도 분명하다. 그럼에도 이런 자명한 사실이 혼동될 때의 위험이 성서처럼 오랜 기간 쓰였거나 고대에 작성된 텍스트에는 빈번하게 일어나는 것이다.

예를 들어 신에게 자신의 무죄한 고통을 하소연하는 「욥기」나 탄원을 올리는 시편의 노래는 이스라엘의 죄를 묻고 신의 처벌이나 구원을 전파하는 예언서와는 다른 삶의 자리를 지닌다. 「요나서」는 「신명기」와는 다른 삶의 자리에 놓여 있다. 「요나서」는 다른 사람의 구원에 대한 우리의 태도를 돌아보게 만드는 교훈서이지 역사서가 아니다. 이런 양식을 혼동하게 되면 고래 뱃속에서 사흘을 났다는 「요나서」의 기록이 의미하는 바를 올바르게 해석해낼 수가 없는 것이다. 더욱이 니느웨라는 도시가 실제 있었는가 하는 질문은 이 본문이 말하고자 하는 바와는 전혀 관계가 없다.

성경의 텍스트와 해석

흔히 '선조 할머니의 위기'라 부르는 서사를 살펴보기로 하자. 가뭄이 들어 자신이 살던 곳을 떠난 선조들이 낯선 곳의 권력자에게 아내를 빼앗기게 되었다는 이야기다. 아내를 빼앗긴 첫날 밤천사가 와서 그 위기를 벗어나게 된다. 이는 「창세기」 12장9~20절을 비롯해, 20장1~18절과 26장1~13절에서도 비슷한 내용이 반복되어 전한다. 이 이야기는 역사적 사실과는 별개로 이스라엘 민족의 대표적 민담이다. 이스라엘 민족은 그들의 조상이 겪었던, 또는 겪을 수 있었던 사건들과 그들의 신앙을 집약하여 선조 할머니의 이야기를 통해 드러내고자 했다. 그래서 이 이야기에 담긴 역사적 사실의 진실 여부가 문제가 아니라, 민족의 체험과 의지에 따라 그들 민족 공동체를 결집하고 그 민족을 돌보는 신에 대한 고백과 의탁하는 신앙이 결정적인 역할을 한다. 이 이야기를 전하는 이들도 이런 목적을 지니고 있기에 이야기가 중복되거나 실제로 어떻게 사건이 진행되었는지에는 관심이 없었다.

삶의 자리를 혼동함으로써 생기는 오류가 후대에 어떤 문제를 초래하는지를 잘 보여주는 대표적인 경우가 이혼을 금지하는 예수의 명령에 담긴 이야기다. 이 이야기를 예수의 명령으로 이해하여 지금도 그리스도교 대부분에서는 이혼을 금지한다. 이혼을 금지하는 텍스트는 「고린토전서」 7장10~11절, 「마르코복음」 10장

11~12절과 「루가복음」, 「마태오복음」 등 여러 곳에서 발견된다. 이 가운데 가장 오래된 전승은 「마태오복음」 5장 32절로 보는 것이 일반적이다. 그 구절은 "누구든지 음행한 경우를 제외하고 아내를 버리면, 이것은 그 여자를 간음하게 하는 것이다. 또 그 버림받은 여자와 결혼하면 그것도 간음하는 것이다"라고 쓰여 있다.

이 텍스트는 당시 이스라엘의 이혼 풍습에 따라 남자가 이혼을 선언하거나 이혼 증서를 주는 것만으로 이혼이 성립되었던 사회적 배경을 전제로 한다. 당시 이스라엘 사회에서 여자와 아이들은 사회적으로 절대적 약자이며 아무런 권리도 행사하지 못했다. 철저히 가부장적이며 여자의 권리는 전혀 반영되지 않았다. 이혼한 여자가 생활을 꾸려갈 방법이 거의 없었기에, 몸을 파는 정도의 나락으로 떨어지는 일은 일상적으로 벌어졌다. 그럼에도 남자의 간음은 혼인에 아무 지장이 없으나 여자의 간음은 중죄에 해당한다. 그것은 남자의 소유권을 침해하는 것이며, 여자에게는 선택권이 없었다. 따라서 이 글귀는 여자가 아니라 남자에게 하는 경고의 말이다. 예수는 여자를 버리는 것이 그녀에게 간음을 하도록, 창녀가 되도록 강요하는 것과 같은 시대적 상황을 도저히 보고 있을 수가 없었다. 그것은 성윤리나 순결의 문제가 아니라 경제적 생존의 문제였다.

이런 여러 부조리한 정황을 보건대, 이 텍스트에서 예수는 혼

성서해석학

인과 간음에 대한 논증이나 논리적 진술을 하려는 것이 아니다. 일방적으로 이혼함으로써 여자를 죽음으로 내모는 일은 남자들이 무엇보다 무서운 죄를 짓는 것이다. 그것은 살인에 버금간다. 그러니 너희들은 이혼하는 따위의 무거운 죄를 짓지 말라는 선언인 셈이다. 남자의 무책임과 방종, 성적 문란에 따라 물건으로 취급되고, 죽음으로 내몰리는 여인을 보호하기 위한 선언이 이 이야기의 본래 의도다. 인간의 법에 따라 인간의 가치 자체가 파괴되는 당시의 모순된 사회 상황에서 하느님의 법, 그의 정의와 사랑, 종교적인 정신을 다시금 선언하는 말을 이혼 금지 명령으로 잘못 알아들을 때 이혼을 금지하는 법을 만들게 된다.

이처럼 성서에서 예수의 수많은 비유와 설교 들을 그 시대적 배경을 떠나 현대 사회에서 단순한 종교적 선언으로 받아들이는 오류는 이야기의 양식을 혼동하는 데서 비롯한다. 이러한 오독은 역사적 맥락과 이 텍스트가 발설될 때의 지평, 삶의 자리를 혼동했기 때문에 생긴다. 양식 비평학은 예수에 관한 기록이 역사적 사건과 사실을 보도하려는 데 일차적 목적이 있지 않다고 말한다. 성서 텍스트는 예수의 행적에 대해 연대기적으로 나열하는 것이 아니라 그 안에 담긴 신앙과 의미 체험, 고백을 역사적 사실 기록의 형식을 빌려 전달하고 있다. 이 이야기에는 사실과 체험, 신앙고백과 이를 접한 사람의 실존적 변화가 뒤섞여 있다.

해석학

성서는 이런 변화와 신앙고백, 체험을 말하며, 그 안에 담긴 존재론적 의미를 전달하기 위한 책이다. 근대 실증주의 사학 이후의 역사학에서 역사적 사건에 대한 사실 전달에 일차적 관심을 두지 않듯이, 텍스트를 그대로 읽는 것은 해석학적 오류를 저지르는 일이다.[4]

양식 비평적 해석학

텍스트의 양식에 따라 본문이 전하려는 의도와 의미를 달리 이해해야 한다는 사실이 양식 비평학이 해석학에 끼친 영향일 것이다. 성서의 양식 비평적 해석학은 욜레스A. Jolles가 쓴 『단순한 양식들Einfache Formen』에서 시작되었다고 한다.[5] 여기서 그는 전설과 민담, 수수께끼, 격언, 동화, 재담 같은 언어 양식을 검토하고 이런 양식에 담긴 고유함과 특별함을 밝혀내려 했다.[6] 성전에서 제사를 드릴 때 쓰이던 시편과 고통을 호소하면서 희망을 구하는 시편, 야훼 신의 구원을 선포하는 글과 그를 위한 율법 규정을 밝히는 본문, 이스라엘의 역사를 전하는 본문은 각각 그들만의 고유한 삶의 자리를 지닌다. 그 삶의 자리가 본문의 의미를 해석하는 틀을 결정하게 되는 것이다.

　예수 사건은 그 양식사학적 관점에서 봤을 때 독자들에 대한 고백이 역사적 사건의 옷을 입고 나타난 것이다. 양식 비평학적 해석학의 관점에서 로핑크G. Lohfink는 이렇게 말하고 있다.[7] 이 사건을 비디오로 또는 검찰 조서로 읽는다면 더 많은 객관적 사실을 알게 될 것이다. 예수의 십자가 처형과 부활 사건을 비디오로 촬영했다고 치자. 거기서 우리가 알 수 있는 것은 무엇일까. 구체적으로 십자가는 어떤 모양인지, 누가 욕을 했고 누가 그의 죽음을 슬퍼하거나 도망갔는지 등은 잘 보게 될 것이다. 그러나 그 안에 담긴 진실과 체험, 그 자리에 모여 있던 사람들, 숨어 있던 사람들, 부활에 대한 체험 등은 전혀 알 수가 없다. 실제 예수의 제자들이 무엇을 느꼈으며, 이후 전 세계의 역사를 송두리째 바꿔놓은 사건이 그들 내부에서 어떻게 생겨났고 변화되었는지를 체험하면서 성서를 읽는 사람의 존재를 바꿔놓은 데 이 기록의 목적이 있다.

예수의 죽음과 부활을 전하는 복음서는 앞의 사실이 아니라 뒤의 사건을 전하고자 한다. 문제는 객관적 사실과 역사적 진실 사이의 것이다. 한 사건이 우리에게 전달하는 의미와 그로 인해 일어나는 실존적 결단의 문제는 피상적 사건의 단순 나열로는 알 수가 없다. 그것은 오로지 해석과 해명에 의해서만 확실해진다. 이 텍스트를 읽을 때도 그런 목적과 삶의 자리를, 그 의미를 해석해낼 수 있을 때에만 성서해석학이 올바르게 정립될 수 있을 것이다. 이러한 여러 해석학적 작업을 통해 우리는 예수가 직접 전한 말과, 그가 죽고 70~80년이나 지난 뒤의 신학자들이 예수의 입을 빌려 전하고자 했던 바를 구별해서 읽을 수 있다. 그에 따라 이해와 해석은 달리 형성될 수밖에 없는 것이다.

성서해석학

3

철학적 해석학

1   철학적 해석학의 동기

철학적 해석학은 성서해석학의 역사에서 보듯이 텍스트에 대한 이해와 해석의 문제를 다루면서 시작되었다. 해석에 관한 일반 이론이 17~18세기에 이르러 철학의 영역으로 수용되었다. 철학적 해석학은 일차적으로 '이해의 기술', '번역의 기술technique of interpretation' 또는 '올바른 해석 이론'이라는 의미로 쓰였다. 먼저 텍스트를 정확히 이해해야 철학적 작업을 올바르게 이끌어갈 수 있지 않은가. 그러니 기록된 텍스트는 여러 맥락에 따라 그 내용을 올바르게 이해해야 한다. 이것 없이 철학적 사유는 불가능하다.

그와 함께 성서해석학의 연구 성과를 통해 텍스트가 단순히 사실을 기록한 것이 아니라, 전달하려는 진실에 따라 달리 기록되고 다른 형식을 사용한다는 것도 알게 되었다. 이제 철학적 해석학은 문헌 분석학을 넘어 텍스트 이해학으로 전환하기에 이른다. 문헌 분석과 이해의 학문은 철학에서도 익숙한 영역이었다. 그러나 읽는 사람이 어떻게 이해하고 해석해야 하는지는 이때에 이르러 비로소 관심사가 되었다고 말해도 좋을 것이다. 이런 인식은 이후 존재론적 해석학으로까지 발전하기에 이른다.

관건이 되는 것은 독자가 어떻게 올바르게 이해하도록 텍스트를 구성하느냐의 문제다. 사실이 아니라 진실을 어떻게 전할 것인가. 이 텍스트를 통해 어떠한 존재론적 변화를 가능하게 할까. 어떻게 독자에게 객관적 사실 기록을 넘어 의미 체험과 진실을 알릴 것인가. 예를 들어 사실을 가장 잘 보여주는 기록 사진이 진실을 정확히 전해주는가, 아니면 예술가가 그린 한 편의 그림이 더 진실을 담고 있는가. 언덕을 오르던 병사가 총을 맞고 쓰러지는 장면을 찍은 유명한 카파Robert Capa의 사진과 스페인 내전의 참상을 전한 피카소의 그림 〈게르니카〉 또는 내전에 대한 사실적 기록 가운데 어느 것이 더 전쟁의 진실을 잘 전하고 있는가. 과연 진실을 전하는 가장 탁월한 텍스트는 무엇이며, 그 텍스트를 우리는 어떻게 이해할 수 있는 것일까.

철학적 해석학이 대상으로 삼는 모든 것은 텍스트text다. 여기에는 쓰여진 문헌은 물론, 사건과 명제, 발언과 생각 등의 이차적 의미의 텍스트가 있으며, 나아가 텍스트와 텍스트가 연결된 컨텍스트context, 문맥까지도 해석학의 대상으로 자리한다. 문맥은 해석하는 주체와 해석의 대상 사이의 관계에 의해 그 성격이 결정된다. 따라서 해석학은 모든 텍스트를 문맥에 따라 텍스트로 설정한다. 해석학은 결코 독립적이고 객관적인 대상에 대한 인식의 문제가 아니라 그 텍스트를 문맥과의 연관에 따라 이해하는 문제를 다룬다.

그와 함께 해석학이 문제 삼는 것은 독자의 삶의 자리다. 텍스트의 의미가 드러나는 방향을 결정하는 것은 독자가 텍스트에서 무엇을 얻고자 하는지, 텍스트를 읽는 의도는 무엇인지가 중요하기 때문이다. 독자의 삶의 자리는 텍스트의 의미가 드러나는 중요한 터전이 된다.

인식론이 객체적 대상에 대한 인간의 인지 체계와 관련된 지식을 추구한다면 해석학은 인식론적 지식 체계를 넘어선다. 인식론은 자연과학적 학문 체계의 이론적 배경이 될 뿐 아니라, 그를 위한 중요한 준거가 되기도 한다. 철학사적 맥락에서 해석학은 인식론적 학문과 자연과학적 학문을 넘어서는 이해의 학문으로 방향지어진다. 이처럼 해석학은 이해에 관계한다. 해석학의 작업은 이해의 구조에서 주어지는 특성을 해명하는 데로 모아진다. 여기서는 존재론적 해석학을 이해하기 위한 전사前史로 슐라

이어마허와 딜타이의 해석학에 대해 간략히 언급하는 데 그칠 것이다.[1]

해석학

2 슐라이어마허의 해석학

이해의 기술

현대 해석학은 독일 철학자 슐라이어마허_{F. Schleiermacher, 1768~1834}에 의해 정립되었다고 말할 수 있다. 그는 해석학을 '이해의 기술_{Kunstlehre des Verstehens}'로 규정한다. 신학적 해석학의 연구 결과들이 슐라이어마허에 이르러 철학적 영역으로 확산되는 획기적인 전환을 맞게 된다.

슐라이어마허의 철학은 독일 관념론 철학의 전통 위에 자리한다. 독일 관념론은 철학적 과제, 세계 이해와 근거를 근원적인 원형_{Idea}에서 찾는 철학적 조류라고 거칠게 말할 수 있다. 이에 따라 철학의 근본 과제는 이렇게 제시된 세계와 존재자에 대한 이해를 밝히는 데 있다. 이들은 인간의 인식 이성과 관념으로 구성해 내는 인식론적 전통을 지켜왔다. 슐라이어마허는 이런 측면에서 유럽 전통 철학의 흐름 안에 자리한다. 그는 또한 플라톤주의자로서 뛰어난 고전문헌학자이자 신학자였다. 그는 이전의 성서해석학에 정통했으며 보편적 해석학을 정립한 최초의 철학자로 거론된다. '보편적 해석학'이란 해석의 규칙과 적용의 실제적인 예에 관계되는 이론이 아니다. 그래서 그것은 신학적 해석학 또는 문헌학적 해석학과 같은 개별 분과의 해석학을 말하는 것이 아니라, 철학의 모든 원리에서 출발하고 그것을 근거로 하여 이해와 해석에 관한 이론을 정립하려는 학문을 가리킨다.

철학적 해석학은 문헌학의 한 분과로 시작되었다. 그것은 일차적으로 문자로 쓰인 텍스트를 이해하고 해석하는 기술이다. 그가 말하는 이해의 기술이란 결국 텍스트를 단순히 알아듣는다는 의미를 넘어 적극적으로 해석한다는 의미다. 그래서 슐라이어마허는 해석학을 이해의 방법과 텍스트 이해에 관한 제반 규칙과 이론 체계로 규정한다. 이를 위해 그는 문법적 해석과 심리학적 해석을 거론한다. 모든 말은 결국 "전체 언어와 언어 창시자의 전체 사유"에 관계될 때 올바르게 이해된다. 여기서 말이란 텍스트에 쓰인 언어로서의 말이며, 의미를 담고 있는 글을 보편적 개념으로 설명하는 수단이다. 문법적 해석이란 이 텍스트의 말을 텍스트의 언어 속에 도입하여 이해하는 과정이다. 이에 비해 심리학적 해석에 따르면 말은 언제나 말하는 사람을 전제로 한다. 저자를 떠나 객관적으로 존재하는 말이 있는 것이 아니다. 텍스트의 말은 저자의 말이다. 따라서 이 말을 이해하기 위해서는 저자의 심리 상태, 의도, 배경을 이해해야만 한다. 그것도 저자의 텍스트 이외의 전체적 배경을 이해해야 하는 것이다.

이 두 해석의 방법은 텍스트에 따라 중요성에서 구별된다. 철학과 문학의 텍스트를 예로 들 수 있다. 논술된 사태, 논리적 진술이 그 자체로 의미를 지님으로써, 저자의 배경이 상대적으로 약화되거나 심지어 완전히 사라지게 되는 텍스트가 있다면, 저자가 전면에 등장하여 텍스트와 저자의 관계, 저자의 배경, 저자라는 지평을 도외시하고서는 이해되지 않는 텍스트가 있다. 예를 들어 시나 수필 같은 문학 작품에는 이런 특성이 도드라진다.

텍스트는 두 가지 측면에서 의미를 지닌다. 저자의 의도와 독자와의 관계에서 파생되는 의미가 그것이다. 그럼에도 슐라이어마허는 문헌학적 전통에 충실하다. 그는 텍스트에 대한 독자 중심의 독단적 해석과 함께 텍스트에 대한 비유적 해석도 거부한다. 이러한 해석은 텍스트가 본래 의미하는 것이 아닌 다른 자의적인 해석이 끼어들 여지가 너무나 많기 때문이다.

이러한 한계에도 불구하고, 그의 학문이 해석학적으로 의미를

철학적 해석학

지니는 것은 해석에서의 기술적 특성을 강조한 데 있다. 그것은 그가 해석을 구성의 측면에서 이해하기 때문이다. 텍스트를 독자가 해석하기 위해 구성한다는 것은 텍스트에 적용되는 이해의 기술뿐 아니라, 독자의 해석학적 능력에도 좌우된다. 그에 따라 텍스트의 구성은 달라진다. 앞에서 이미 말했듯이, 그는 이러한 심리학적, 문법적 해석의 정도에서 차이가 나는 텍스트의 종류를 구별한다. 해석을 위한 전제는 해석하는 자/독자의 언어 지식과 역사 지식이다. 따라서 올바른 해석, 독단적 해석을 피하기 위해서 독자는 저자의 언어 세계, 역사적 세계와 배경에 가급적 일치해야 한다. 즉 저자의 사유방식, 삶의 상황에 정통해야 한다는 것이다. 이러한 주장에도 슐라이어마허는 이것이 얼마나 가능한지, 그리고 그에 자리하는 근본적 제약에 대해서 구체적인 대답을 제시하지는 않는다.

또 하나의 문제는, 텍스트에 쓰인 하나의 진술이 가리키는 사실_{표현된 말과 사태}과 텍스트를 떠나 저자가 말하고자 했던 것의 표현으로서의 텍스트 이해가 어떠한 관계를 지니는지에 대해서도 구체적으로 대답하지 않는다. 이런 문제에서 그는 단지 "개별자는 전체에서, 전체는 개별자에서부터 이해된다"라는 명제를 제시할 뿐이다. 이것이 후대의 텍스트와 지평의 관계로, 그리고 해석학적 순환의 일차적 명제로 나타난다. 그것은 텍스트와 이해

해석학

사이, 해석의 과정에서 드러나는 지속적인 상호작용을 의미한다. 텍스트 전체를 이해하고 난 뒤, 개별 텍스트와 텍스트의 부분을 알아듣는 것 사이에는 끊임없이 영향을 주고받는 상호작용이 이루어진다는 것이다.

그가 말하는 이해의 이론으로서의 해석학은 텍스트에 대한 객관적 이해가 아닌 표현된 사상의 이해, 직관, 인간에 대한 의미, 이해지평, 저자의 개성 안에서 일어나는 독창적인 정신적 과정에서의 이해에 관계한다. 여기에는 텍스트를 작성하는 저자의 기원 결심과 감정 이입에 의한 예감적 이해가 중요한 개념으로 자리한다. 나아가 그는 비교를 통한 공감적인 것과 예감을 통한 고유한 해석의 필요성을 강조했으며, 이해의 객관적 정의가 아닌 저자의 개성에 따른 해석학적 이해를 주장했다. 슐라이어마허가 철학적 관점에서 신학적 해석학의 업적을 재해명하는 작업을 펼치지 않았다면 어쩌면 현대 해석학은 불가능했을지도 모른다. 그래서 슐라이어마허는 해석을 텍스트에 대한 문법적 해석과 심리학적 해석을 구분해서 설명하지만 이 둘의 관계는 불가분리적이다. 그 이유는 해석이란 언어 지식과 인간에 대한 지식에서 비롯하기 때문이다. 언어 지식에 관계되는 것이 문법적 해석이며, 인간에 대한 것, 특히 저자에 대한 지식이 심리학적 해석으로 드러난다.

문법적 해석과 심리학적 해석

그는 문법적 해석을 위한 두 가지 규준을 "해석의 규칙들"이라는 이름으로 제기한다. 첫 번째 규준에 따르면 말/텍스트의 진술은 저자의 언어 영역에 의해 규정된다. 텍스트의 진술과 언어는 저자 고유의 언어다. 두 번째 규준은 언어는 언제나 컨텍스트_{문맥} 안에서의 언어라는 점이다. 이에 따라 언어의 품사적 가치에서 지니는 의미가 중요하며, 나아가 품사가 특정한 문맥에서 지니는 의미가 중요해진다. 이런 의미를 밝히기 위해서는 그 진술이 지니는 고유한 위치를 분석해야 한다. 그는, "해석학에서 전제될 수 있는 것은 단지 이 언어뿐"이라고 말한다. 해석할 수 있는 것, 해석을 통해 이해되거나 발견될 수 있는 의미는 오직 이렇게 선정된 언어에서부터 발견될 뿐이다. 말이란 어떤 생각을 진술하는 것이며, 언어로 표현되지 않은 생각은 이해될 수가 없다. 이러한 언어는 전적으로 문법에 좌우된다. 따라서 언어에 담긴 의미를 이해하기 위해서는 언어가 자리한 공통의 문법을 파악하는 것이 중요하다.

그러나 말이 개별 사태의 모습을 표현하더라도, 텍스트는 사태를 보편화하여 단어, 즉 구체적 언어로 확정한 것이다. 그러기에 단어와 사태는 동일하지 않다. 그래서 언어의 전체적인 배경, 언어를 사용하는 사람들의 보편적 직관을 전제로 해야만 이 차이를 이해할 수 있다. 사랑이라 말할 수 없어, 사랑이라 부르면 사랑이 사라질 것 같아서 사랑을 사랑이 아닌 말로 부르기도 한다. 또한 언어를 사용하는 문화에 따라 귀한 것을 일부러 천한 이름으로 표현하거나 특정 표현을 회피하는 경우도 있다. 모든 언어적 표현은 그 언어가 재현되는 문화와 시대적 상황에서 이해된다. 이러한 문화와 시대적 상황을 이해하지 못하면 그 말을 이해하지 못하게 되는 것이 어쩌면 당연한 이치인지도 모른다. 따라서 이러한 보편적 직관, 언어의 보편적 자리에 대한 이해는 언어를 쓰는 저자 또는 저자의 문화적 배경에 대한 심리학적 영역에 의해 제한된다. 그래서 슐라이어마허는 해석을 위한 심리학적 작업이 필요하다고 말한다.

심리학적 해석이란 텍스트의 이해와 해석에 있어서 저자의 마음, 심리의 깊은 곳으로 들어가 저자가 진술하고자 하는 것의 심층적 의도를 밝히는 것을 말한다. 그럼에도 이 말은 상당히 문제가 많다. 저자의 의도를 추측한다는 것은 수용자의 심리적 상태에 의해 변경될 수 있는 소지가 너무도 많다. 남의 의도를 읽는다는 것의 위험성이 그것이다. 그러기에 텍스트에 대한 심리학적 해석은 매우 조심스럽게 이루어져야 한다.

하나의 작품은 순수하게 저자의 창작품이기에 그것은 일차적으로 저자에게 속한다. 한 텍스트의 생산자로서 저자는 자신만

철학적 해석학

의 고유한 자아와 판단을 지니고 있다. 주관적인 언어는 이러한 저자의 고유한 세계에 속해 있다. 그래서 저자의 고유성을 밝히는 작업이 중요한데, 그것은 원천적으로 저자의 심리적 조건에 매여 있다. 심리학적 해석은 저자의 기본 생각과 "핵심적 결심"이라 부르는 기원적 결단에 자리한다. 한 작품은 이러한 기원에 놓이며, 그와 연관된 독특한 구조에 따라 의미를 지닌다. 슐라이어마허는 이 구조를 이러한 요소들 간의 관계의 체계로 이해한다. 각 요소는 다른 요소, 전체 요소와의 구분을 통해 의미를 획득한다. 따라서 해석자는 이러한 요소들 간의 연관된 구조에 따라 텍스트를 이해하게 된다. 이 요소들이 바로 저자의 기본 생각과 핵심적 결심에 따른 것이다. 이것을 이해하는 작업을 그는 심리학적 해석이라 부른다.

이때 심리라는 용어에서 기인하는 오해가 생겨난다. 저자의 심리라고 말하는 것, 그 원천적 심리 상태와 표현이 전적으로 창작물의 선험적 조건을 의미하는 것은 아니다. 창작물로서의 텍스트는 이러한 심리적 근원을 넘어서는 특성을 지닌다. 그러기에 해석학적 작업은 심리학적 해석에 바탕을 두면서도 작품이 저자의 심리적 산물로만 여겨질 위험을 넘어설 여지를 끊임없이 고려해야 한다.

해석학의 역사에서 슐라이어마허의 공로라면 텍스트와 텍스트의 고유성을 고려했다는 데 있다. 텍스트는 결코 저자를 떠난 객관적 산물이 아니다. 그러기에 단순히 텍스트에 대한 객관적 이해를 모색했던 문헌학적 해석의 전통을 넘어 철학적 관점에서 이해되는 해석학의 영역이 그에 의해서 가능해졌다는 데 슐라이어마허의 해석학이 지니는 영향력이 있다. 기원 결심과 감정 이입 등의 이론은 딜타이W. Dilthey 해석학에 절대적인 영향을 끼쳤다. 이러한 통찰이 딜타이의 해석학은 물론, 이후 존재론적 해석학에 중요한 배경으로 작용하기에 이른다. 그럼에도 그의 해석학은 여전히 문헌학적 전통에 젖어 있기에 후대 가다머의 해석학과는 많은 차이를 지닌다. 후대의 해석학적 전환은 하이데거 이후의 철학적 성과라고 말할 수 있다.

비판의 의미

슐라이어마허는 해석학을 텍스트에 대한 비판적 읽기로 생각한다. 그는 "비판적 읽기는 해석학의 영원한 동반자"라고 말한다. 비판으로서의 해석 작업은 기술적 비판과 교의적 비판으로 양분해 생각할 수 있다. 먼저 기술적記述的 비판은 텍스트를 기술하는 행위에서 발생한 오류에 대한 것이다. 이 텍스트 외재적 비판은 그 내용이 아니라 텍스트의 기록과 관계되는 잘못을 비판하고 이를 통해 정확한 이해에 이르도록 비판적 작업을 수행하는 것이다. 이 기술적 비판은 원래 그래야만 했을 텍스트를 원상 복구하는 과제를 수행한다. 그에 비해 창조적 비판이라 부르는 교의적 비판은 텍스트가 그래야만 하는 내용에 따라 텍스트를 비판하는 방법이다. 예를 들어 성서를 기록할 때 신의 존재를 부정한다든가, 또는 지상에서 살았던 예수를 신격화하여 전지적 태도로 기술한 텍스트 등은 결코 있어서는 안 될 텍스트의 의미적 오류이다. 그것은 그리스도교의 정통 교의에 어긋나기 때문이다. 이처럼 텍스트가 자리해야만 하는 더 근원적인 교의에 어긋나는 해석은 있을 수가 없다. 이러한 선행적 판단이 교의적 비판이다. 슐라이어마허는 잘못된 사상과 교의에 입각한 이런 비판을 본격적 텍스트 비판으로 이해한다.

이렇게 간략하게 슐라이어마허의 해석학을 소개했다. 그의 철학이 비록 후대의 존재론적 해석학의 근본 취지를 이해하지 못했다는 한계를 지닐지언정, 철학 영역에 해석학의 사유를 도입한 공로와 의의는 결코 소홀히 평가되어서는 안 될 것이다. 철학적 해석학과 이후의 해석학적 사유는 전적으로 슐라이어마허의 철학에 힘입고 있다. 그의 해석학적 작업이 없었다면 이후의 철학에서 존재론적 해석학의 사유를 명확히 하는 데 많은 어려움이 있었을 것이다.

3

딜타이의 해석학

정신학문의 기초

딜타이W. Dilthey, 1833~1911의 철학적 작업은 지식의 변화가 급격히 이루어졌던 시대상과 밀접히 연관된다. 그는 슐라이어마허의 해석학에서 결정적 영향을 받았으며, 그의 시대에 급격히 이루어지던 학문 변화에 맞서 정신학문의 정당성을 옹호하려 했다. 자연과학의 혁명은 지식의 형태와 진리 주장을 급격히 변화시켰다. 급기야 자연과학적 방법론으로 해명할 수 없는 영역에 대해서도 자연과학의 진리 주장은 널리 퍼져갔다. 이 문제는 그에게 커다란 과제로 다가왔다. 이미 17세기부터 시작된 인식론적 혁명이 자연과학을 태동시키면서 학문은 두 체계로 분열되었다.

특히 자연과학에서는 과학적 방법론에 입각한 지식을 진리의 준거로 설정하는 이른바 과학주의scientism가 생겨나기에 이르렀다.

자연 사물에 관계되는 학문을 자연과학Naturwissenschaft이라 부른다면, 정신의 영역에 관계하는 학문은 정신학문Geisteswissenschaft이라 이름 할 수 있다. 딜타이는 이렇게 학문 영역을 구분한 뒤, 정신에 관계하는 학문의 정립을 위해 역사철학과 해석학의 방법론을 탐구하기 시작했다. 정신으로 옮기는 독일어 단어 가이스트Geist는 마음이나 심리 이상으로 인간의 정신적 영역에 관계하는 특성을 묘사하는 말이지만, 우리말의 정신과도 미묘하게 구별된다. 이 말은 인간이 지닌 내적 정신에 관계되지만 영혼과도 연관되는 의미를 지닌 독일어 특유의 개념이다. 또한 과학을 지칭하는 단어 비센샤프트Wissenschaft 역시 과학만을 가리키는 것이 아니라 학문 일반에 대한 명칭이기도 하다. 그래서 자연과학과 대비되는 이 말은 정신의 학문이며, 우리의 전통에서 이해되는 인문학 일반을 가리키는 말로 받아들일 수 있다. 그런 면에서 인문과학이라는 말처럼 잘못 쓰이는 말도 없을 것이다.

딜타이의 해석학은 정신의 학문에 관한 것이며, 자연과학과는 달리 인간의 구체적 삶에 관계되는 이해의 철학이다. 자연과학의 놀라운 발전은 인문학 일반으로 하여금 자신의 진리 기준을 자연과학적 방법에서 찾거나 인문학적 진리를 주관적인 것으로

폄하하려는 경향조차 내보이게 되었다. 이러한 시대적 배경에서 딜타이는 정신에 관계되는 학문의 진리성을 보증하기 위한 준거를 설정하려 했다. 이에 따라 그는 자연의 법칙을 이해하려는 자연과학에 적용되는 고유한 방법론에 비해 정신적 영역에 해당하는 학문을 역사적이며 의미론적 관점에서 정초하려 했다. 여기에 그의 해석학이 지니는 의미가 자리한다.[2] 그의 해석학에서 핵심이 되는 개념은 '이해'에 있다. 이제껏 학문의 기본 과제가 대상에 대한 객체적 인식에 있었다면, 딜타이는 그 과제를 인간 인식의 기본 범주로서 인식 과정과 인식 자체를 포괄하는 의미에서의 이해 개념으로 제시하였다.

삶의 철학

정신의 학문을 정초하고 그 정당성을 드러내기 위해 딜타이는 우선 인간의 이해 과정을 분석한다. 그것은 인간의 지성에 의해 이루어지는 과정이다. 딜타이는 이것을 인간의 심리적 과정에 따라 설명하려 한다. 정신의 학문이란 인간의 마음과 정신의 힘에 의해 이루어진다. 정신의 학문은 '이해의 심리학'이다. 자연과학은 그에 비해 인과적 설명의 심리학이다. 정신학문의 이해를 위해 그는 삶의 통일성과 전체성을 강조한다. 여기서 처음으로 해석학적 순환의 원리가 나타난다고 말해도 좋을 것이다. "전체적인 것과의 연관에서 개별적인 것을 이해한다. 또한 개별적인 것은 전체를 결정한다."

정신학문이란 현대적 개념으로는 인문학으로 이해할 수 있다. 딜타이는 이 철학을 삶의 철학philosophy of life이라 부른다. 삶의 해석학은 '문자로 표현된 삶'에 관계하며, 그러한 표현으로서의 작품을 이해하는 기술론이다. 딜타이의 해석학은 이런 범위에서 방향지어져 있다. 그가 체험과 표현에 대한 이해를 강조하는 까닭은 해석의 대상인 텍스트를 인간의 체험과 이해가 깃든 작품으로 보기 때문이다. 그것은 역사적이며 이해와 비판을 통해 그 의미가 드러난다. 그래서 이 체험과 표현에 대한 해석이 해석학의 중요한 과제가 된다. 그의 해석학은 역사적 의식과 표현의 해석 작업이다. 그래서 "문자로 고정된 삶의 표현들을 이해하는 기술에 관한 이론"이 딜타이가 규정하는 해석학인 것이다.

역사와 작품을 이해하는 과정에서 삶의 표현과 이해는 밀접히 연관된다. 삶은 오직 체험과 이해의 산물이며 역사를 통한 이해와 파악 속에서만 자리한다. 그 안에서 우리는 의미와 의의를 드러내는 역할을 한다. 그렇게 보면 인간은 본질적으로 역사적 존재임을 알 수 있다. 그뿐 아니라 이해의 과정이 역사적이며, 그 역사가 곧 해석의 과정을 이끌어간다. 정신과학 또는 인문학은 이러한 이해의 과정을 통해 이룩되며, 그 과정에서 해석학적 반성은 중요한 방법론적 요인으로 작동한다. 딜타이의 해석학에서 역사성이 지니는 의미가 중요했던 것처럼 이후의 해석학은 이러한 성격을 공유한다. 이처럼 해석학은 그 학문이 생겨나던 초기부터 역사성이라는 특성을 지닌다.

이해의 개념

딜타이는 이해라는 개념을 개별 인간, 인간의 개체성에서 파악하려 한다. 왜냐하면 이해란 바로 나의 이해이며, 역사와 체험의 과정에서 이해되는 삶은 구체적 개인으로서 나에 대한 이야기이기 때문이다. 삶은 개별 인간에 따라 다양하게 드러난다. 딜타이는 이러한 개체성의 지식을 심리학적 지식에서 찾으려 한다. 인간 개체성과 심리학의 지식에 바탕하여 그는 전체로서의 역사를 올바르게 해석하려는 방향으로 자신의 철학적 과제를 수행해간다. 역사적 삶이란 인간의 보편적 현상으로 제시된다. 그의 철학을 삶의 철학이라 부르는 까닭이 여기에 있다. 역사는 자연에 대한 관찰과 검증, 측정으로서의 과학과는 방법론적으로 달리 이해된다. 자연과학은 설명하는 방법으로 이루어지며, 정신학문은 이해하고 기술하는 방법으로 가능하기에 이들은 이런 방법론에 따라 구분된다.

　이러한 구분은 인간의 생리적 개체성과 정신적 전체성이 서로 다른 측면에서 이해되기 때문에 생겨난다. 또한 인간의 역사성과 자연에 대한 이해 역시 다른 관점과 방법에 따라 이루어진다. 자연과학적 학문과 정신 영역의 학문은 다른 방법으로 이해해야 한다. 딜타이는 정신의 학문을 삶의 철학으로 정립한 뒤 그에 따르는 고유한 해석학적 방법을 찾으려 했던 것이다. 인간의 삶Leben은 동물의 생명과 달리 역사와 체험을 포함한다. 유럽어는 삶과 생명을 같은 단어로 표현하지만 그리스어와 우리말은 삶과 생명을 다른 단어로 표기한다. 인간의 삶은 유기체적 차원을 넘어서는 역사적이며 실존적 영역을 포함하고 그 안에서 표현된다. 따라서 그는 삶을 객체적으로 이해하거나 헤겔적, 관념론적 형이상학과는 달리 내면적이고 직접적인 체험을 통한 삶, 그에 근거한 삶의 철학을 이해하고 해석하는 철학으로 이어가는 것이다.

이해라는 측면에서 역사를 다루는 학문과 자연을 대상으로 하는 학문은 구별된다. 체험과 이해, 역사와 삶은 정신학문의 특징이다. 이러한 정신의 학문은 그에 대한 이해의 문제, 둘째로 역사와 연관되는 해석의 문제로 제시된다. 이렇게 이루어지는 해석학은 예술 작품, 문예학에 대한 해석으로 확장된다. 해석학의 확장은 가다머까지 이어지는 인문학적 방법론으로서의 해석학으로 정립되는 계기로 작용한다. 현대의 해석학이 철학과 문학

을 넘어 문화와 생명, 예술과 그 외 여러 지성적 작품의 영역으로
확장되는 계기는 이미 해석학의 초기에 주어진 특성이라 말해도
좋을 것이다.

4

존재해석학

1 존재해석학의 동기

존재 이해와 해석

철학적 해석학이 텍스트를 이해하고 분석하는 데 머물러 있었다면 하이데거 이후의 해석학은 존재론적 의미에 바탕을 둔 해석을 지향한다. 이는 전적으로 하이데거의 공로다. 그는 그 이전의 철학 전통을 존재 망각성 개념으로 비판하고 독특하게 존재 의미를 밝히는 철학을 펼쳐간다. 존재 망각성이란 존재자의 존재를 그저 존재자의 관점에서만 이해함으로써 존재자를 있게 하는 존재의 의미가 퇴색되었다는 논쟁적인 개념이다.[1] 존재자는 세계 안에 실제로 있는 모든 것이며 존재란 그 있는 것이 있다는 사실을 가리키는 말이다. 그의 해석학은 이 존재 의미를 드러내는 이해의 철학이다.

존재해석학

하이데거의 해석학적 사유는 『존재와 시간Sein und Zeit』1927에서 찾아볼 수 있다. 그러나 하이데거는 이미 그 이전 작품에서 구체적으로 해석학의 사유를 형성했으며 『존재와 시간』에서는 이를 존재론과 연결지어 제시한다. 이러한 존재론은 현사실적 삶에 대한 해명으로 이루어진다고 강조한 1923년 강의에서 비롯된다. 이 강의에서 우리는 하이데거의 고유한 해석학적 사유를 분명하게 찾아볼 수 있다.[2] 하이데거는 학문으로서 일반 해석학이 유래한 기원을 신학적인 출처에서 설명하고 있다. 해석학은 일차적으로 신학적 문헌 해석에서 비롯되었다. 그럼에도 하이데거는 해석학을 이러한 신학적 기원이나 문헌 분석학으로서의 범위를 넘어서는 데로 이끌고 간다. 그 특징은 해석학을 존재론적으로 정향된 현사실성facticity의 해석학으로 규정하는 데 있다. 그것은 존재 의미가 드러나는 현재의 사실과 현상을 해명하는 이해의 철학이다.

하이데거는 있는 것과 있음을 구분하고, 있음존재의 의미를 드러내려던 존재론적 철학자이다. 흔히 말하는 존재자와 존재의 존재론적 차이에 관한 것이 그의 철학적 주제였다. 하이데거는 철학이란 있는 사물, 존재자의 최종 근거에 대해 묻는 전통 형이상학을 넘어 사물 존재자의 있음은 무엇인지 묻고, 그 의미에 대해 사유하는 학문이어야 한다고 여긴다. 이 문제를 해명하기 위해 그는 『존재와 시간』에서 먼저 인간의 실존적 현재를 분석하는 작업을 수행한다. 존재 의미는 무엇보다 인간에서 드러나기에 이를 개념화하여 하이데거는 현존재Dasein라 이름한다. 이 말은 전통적으로는 사물이 본질로서가 아니라 지금 여기에서 보듯이 실제로 그렇게 있는 사실을 가리키는 개념이었다. 이 전통적 견해를 비판하기 위해 그는 의도적으로 존재 의미와 연결지어 인간을 현존재라는 이름으로 불렀다. 인간의 실존적 현재는 존재 의미가 드러나는 터전이기에 존재 의미를 밝히기 위해서는 우선 이러한 현재를 해명해야 한다. 이는 존재론을 위한 기초 작업이기에 그는 이것을 기초존재론fundamental ontology이라 불렀으며, 그에 따라 인간을 이해하고 해명한 것이 이른바 실존론적 분석이다.

기초존재론적 분석의 대상은 세계 안에 던져져 살아가는 인간이라는 존재의 현재이다. 하이데거는 이런 실존적 상황을 "인간은 세계-내-존재In-der-Welt-Sein"라는 말로 표현한다. 인간은 세계 안으로 던져져 있으며, 매 순간 그때마다의 특정한 상황에 놓여 있다. 그럼에도 인간은 이 던져져 있음을 넘어 스스로를 기획투사project하는 존재이기도 하다. 인간은 언제나 각기 그때마다 특정한 현재에 자리한다. 그 현재는 지금이라는 시간과 여기라는 공간hic et nunc, 구체적이며 실제적인 '현재present'이다. 그 현재 안에서 인간은 구체적인 사실로 살아간다. 이러한 현재적 사실과 그

존재해석학

에 관계되는 총체적 상황을 그는 현사실성이라 부른다. 현사실성은 현존재의 존재 성격을 표현한 것이며, 그 자체로 그렇게 있는 존재 성격을 일컫는 말이다. 이해의 방식으로 존재하는 현사실적 삶을 해명하는 작업, 이를 통해 현존재에 드러나는 존재 의미를 밝히는 작업이 현사실성의 해석학이다.

현사실성의 해석

현사실성이라는 말은 어렵게 들리지만 사실 별난 개념이 아니다. 인간은 일상적으로 경험하는 현재의 사실에 바탕을 두고 존재한다. 문제는 그렇게 존재하는 인간의 상황이 언제나 무언가를 이해하고 있으며, 이해를 위해서는 해석의 작업이 필요하다는 데 있다. 이해와 이해를 위한 해석은 인간의 본질적이며 벗어날 수 없는 특성이다. 인간이란 곧 이해와 해석의 존재이다. 그러기에 철학은 바로 이러한 현재하는 사실에 대한 해명, 즉 현사실성의 해석학인 것이다. 세계-내-존재인 인간은 이해하고 해석하면서 어딘가에 처해 있는 존재이다. 그 인간은 이러한 존재를 드러내는 존재, 그 드러냄의 언어를 지닌 존재이며, 철학은 그런 행위를 가리키는 말이다. 그러니 인간이라면 누구나 알게 모르게 철학하고 있다. 우리 모두는 감추어진 철학자거나 드러난 철학자다.

인간은 있다는 사실이 무엇을 의미하는지, 또 나와 너, 사람과 사물이 존재한다는 사실이 무엇인지 이해한다. 이것을 하이데거는 근원적 진리라고 말한다. 인간이란 이렇게 있다는 사건, 너와 내가 있음의 의미를 이해하고 거기에 의미를 부여하는 존재다. 그것이 진리를 추구하는 인간의 본성이며, 이를 하이데거는 존재론적 특성이라고 말한다. 인간은 자신의 존재로 향해가는 사람이며, 존재로 이행하는 가능성을 지니고 있다. 인간은 가능 존재이며 또한 그 가능 존재를 이루어가는 자유를 지니고 있다. 예를 들어 죽음 사건을 생각해보면 이런 사실은 자명하게 다가온다. 인간은 누구나 죽을 수밖에 없으며, 죽음으로 끝장날 하찮은 존재다. 죽음은 모든 것을 무無로 돌려버린다. 죽은 자는 결코 어떠한 행위도 할 수 없으며, 죽음에서 벗어날 수도 없다. 죽음은 절대적 단절이다. 그러기에 인간은 사실 절대적으로 무의미한 존재일지도 모른다.

그럼에도 그 죽음은 시간이 흘러 끝장날 그저 그런 사건에 불과한 것이 아니다. 왜냐하면 우리는 죽음을 알기에, 죽는다는 사실을 지금 생각하고 있기에 죽음으로 끝장날 지금의 삶에 대해 새롭게 생각하고 우리 삶을 바꾸거나 다른 사람과의 관계를 새롭게 설정하기도 한다. 죽음은 분명 생물학적 끝장이지만, 의미론적으로 보면 죽음을 생각함으로써 지금의 삶이 바뀌게 된다.

미래의 사건이 현재를 바꾸어놓는 것이다. 그것이 대표적으로 존재 의미를 생각함으로써 우리의 존재가 새롭게 형성되는 범례가 아닐까. 이런 행위가 인간의 존재론적 특성이며, 이를 시간의 현재화로 이해할 수 있다. 인간은 이러한 이해와 해석의 가능성을 지닌 자유로운 존재이며 미래와 과거를 현재로 가져와 현재화하는 시간성의 존재이다.

인간은 스스로 자신의 존재 이해와 해석의 가능성을 자유롭게 이끌어가야 한다. 인간은 어떤 형태로든 자유를 지닌 존재이며, 자유를 향해 가는 존재이다. 자신의 자유를 포기하는 것은 인간으로서 우리에게는 결코 가능하지 않은 일이다. 자유의 포기 역시 자신의 자유에 따른 행동이기 때문이다. 어떤 외적인 권위나 힘이 인간을 노예로 만드는 것이 아니라, 인간이 그것에 굴종함으로써 스스로 노예가 된다. 자신의 존재 가능을 포기하고 인간이 지닌 자기이해self understanding의 가능성을 포기하는 자는 노예에 지나지 않는다. 그러한 행위는 물론 그것을 드러낼 자신의 말을 포기하는 자가 바로 노예인 것이다. 철학이란 궁극적으로 자신의 삶과 존재를 자신의 말로 이해하고 그렇게 표현하는 것이다. 나의 존재와 나에 대한 나 자신의 이해, 즉 자기이해를 자신의 말로 드러내지 못할 때 그 삶은 소외되고 왜곡된 삶에 지나지 않게 된다. 우리가 이렇게 생각하고 말과 글을 통해 의미를 찾는 행위도 결국 나의 존재와 나의 이해를 드러낼 나만의 생각과 말을 찾기 위한 작업이 아닐까. 이 모두가 바로 현존재의 존재론적 이해다.

계보학적 관점에서 철학적 해석학은 텍스트에 대한 분석과 이해에 관한 학문으로 출발했다. 그러나 존재론적 의미에 기반하여 이루어지는 해석학은 텍스트 이해를 위한 기술적 학문이라는 한계를 벗어난다. 이 해석학은 있다는 것의 의미를 중심에 두고 '있는 사물'과 '일어난 사건'을 이해하는 철학이다. 그것은 철학의 본질적 특성에 미루어 볼 때 철학의 방법론 가운데 하나라기보다 철학에 대한 새로운 정의에 가깝다. 철학을 철학적 지식의 역사나 어떤 철학 이론에 관한 것이 아니라, 철학함으로 받아들일 때 그 학문은 결국 이해하며 해석하는 행위로 귀결된다. 이해와 해석은 언제나 존재론적 터전 위에서 이루어진다. 그러기에 이 철학은 존재론적 해석학으로 형성될 수밖에 없게 된다. 해석학을 다만 텍스트에 대한 분석학으로 규정할 때 그것은 철학을 존재가 아니라 존재자에 대한 이해로 제한하는 서구 철학의 오랜 흐름을 벗어나지 못하게 된다. 이것이 하이데거가 말하는 존재 망각의 철학이다. 현대 철학의 여러 비판에서 보듯이 그런 철학은 전통 형이상학의 맥락에 빠져 허우적거리는 지식의 학문에 지나지 않는다.

존재해석학

존재 해석의 내용

하이데거는 『존재와 시간』에서 자신의 철학적 방법을 후설E. Husserl적 현상학을 넘어서는 해석학적인 현상학으로 생각한다. 그가 말하는 해석학은 앞선 존재론적 이해 속에서 현존재를 공적으로 해석하는 데서 시작한다. 해석학이란 이런 의미에서 현존재가 수행하는 존재 이해의 한 양식이다. 그것은 존재 진리가 드러나는 지평으로서 언어에 대해 사유하는 로고스의 철학이다. 현존재의 현상학이 로고스인 까닭은 인간은 언어를 해석한다 hermeneuein는 성격을 지니기 때문이다. "존재의 본래적 의미와 현존재의 고유한 존재의 근본 구조"들은 해석학적 작업을 통해 인간이라는 현존재에 속해 있는 존재 이해에로 알려지게 된다. 그러기에 하이데거는 이러한 현존재의 현상학이 근원적 의미에서의 해석학이라고 말한다.[3] 현존재의 해석학은 일상적인 세계-내-존재에 의해 이루어지는 이해의 철학이다. 해석이란 이해한 것을 인지하는 것이 아니라 이해에서 기획하고, 자신을 투신하는 가능성을 완결하는 작업이기 때문에, 존재의 가능성을 이룩하는 일이다. 바꾸어 말하면 인간은 이해를 통해 자신의 존재를 성취한다는 뜻이다.

이는 하이데거가 『존재와 시간』에서 주장하는 철학의 핵심이다. 이해란 해석 속에서 자기 자신이 되는 것이다. 해석학은 "자신의 존재를 가능성으로 기획"한다. 이해하는 기획투사는 스스로를 형성해가는 고유한 가능성을 지니고 있다. 이러한 이해의 형성이 곧 해석의 작업을 통해 가능해진다. 해석적 작업을 통한 이해는 자신이 이해한 것을 그의 존재로 수용하면서 자신의 존재로 만들어간다. 세계에 대한 해석은 존재 기획과 함께 이루어진다. 해석이란 벌거벗은 채 주어진 것에 의미를 부여하는 작업이 아니라, 이미 앞선 구조 안에 담긴 세계 이해 속에서 밝혀진다. 그러기에 이렇게 이루어지는 역사적 해석 작업은 자연과학의 학문이나 어떤 인식적인 객관적 지식의 영역을 넘어서 있다.

존재 이해에 근거하여 이루어지는 철학을 우리는 존재론적 해석학이라 부르기로 했다. 그것은 넓은 의미에서 존재 의미에 근거한 해석학적 사유이기 때문이다. 이 해석학은 개인의 실존적이며 초월적 존재 이해에 근거하면서 다른 한편 객체의 존재를 향한다. 그러기에 이러한 해석학은 명제적이라기보다는 훨씬 더 실존적 결단에 관계한다.

철학사적 맥락에서 이해한다면 존재론은 아리스토텔레스에 의해 맨 처음 정초되었다. 그는 존재자를 존재자로서 논의하는 철학, 또는 존재를 다루는 학문으로서 형이상학을 정립하면서, 이를 존재론에 대한 질문으로 연결지어 논의했다. 물론 여기서 존재론은 일차적으로 계사copula, 즉 주어와 술어 관계를 나타내는

'이다~is'의 의미에 따른 것이었다. 사물은 주어로 있는 것이 아니라 술어에 의해 있게 된다. 이 사과는 빨갛게 있거나, 또는 썩은 것은 썩은 상태로 있다. 사과란 존재자는 이렇게 존재한다. 존재라는 개념은 이처럼 술어에 따라 이해된다. 이런 맥락에 국한하여 살펴본다면 존재론은 당연히 유럽 철학의 언어적이며 역사적인 경험과 그에 대한 철학적 사유에 따른 것이 사실이다.

우리말의 구조에서 이런 의미는 명확하게 드러나지 않는다. 그럼에도 그것이 과연 오늘날 철학적 흐름에서 보듯이 존재론을 비웃음의 대상으로 만드는 주장을 정당화할 수 있는가. 전혀 그렇지 않다는 데 문제가 있다. 우리말에서 '~이 있다'는 표현은 유럽어의 계사처럼 명확히 드러나지 않는다. 계사 'is'를 명사화한 존재Being, Sein라는 말은 얼핏 우리말에서는 찾아볼 수 없는 듯하다. 오해는 여기서 비롯된다. 존재론은 일차적으로 언어적인 측면에서 나타나지만, 그럼에도 훨씬 더 우리가 이렇게 있다는 사실의 의미에 관계된다. 그런 까닭에 존재론은 해석학적 관점에서는 우리에게 사물과 다른 사람, 현상과 사건, 자연과 우주, 역사와 문화가 있다는 것의 의미를 묻는 철학적 질문의 가장 중요한 분야다.

존재해석학은 인간이라는 존재의 특성을 이해하는 데서 시작된다. 인간은 사물과 존재자를 이해함으로써 존재하며, 그의 존재로서 행하는 모든 것은 이러한 이해를 드러내는 행위다. 그래서 해석은 해석자의 존재를 형성하는 과정이며, 그에 따라 인간은 해석함으로써 존재하게 된다고 말하는 것이다. 사람들은 흔히 그가 저지른 일의 객관적 사실을 알면서도, "너를 도대체 이해할 수가 없다"라고 말한다. 그 말은 사건의 과정은 알지만 그 사건을 저지른 너를 받아들일 수 없다는 말이다. 그래서 "그래 다 이해할게"라며 상대를 받아들일 수 있는 것이다. 이해란 외적인 지식을 알아듣는 것이 아니라 자신의 가장 고유한 상황과 의미에서 그것을 받아들이는 존재적 행위다. 즉 몇 날 몇 시에 어디서 그 일이 있었는지에 대한 지식이 아니라, 왜 그런 일이 일어났는지 알아듣는 것이 이해다.

2 실존론적 분석

해석학을 존재론적 관점에서 이해하게 되는 중요한 개념은 하이데거가 시도하는 현존재에 대한 실존론적 분석이다. 앞에서 언급했듯이 이 작업은 존재의 의미가 드러나는 인간의 실존성을 분석하기 위한 것이다. 인간은 매 순간 실제로 이렇게 든 저렇게 든 살아 있다. 그는 실존적으로 존재한다. 존재 의미는 실존하는 인간이 있어야만 가능하기에, 하이데거는 존재 의미를 밝히기 위해 이처럼 실존적 존재를 해명하는 작업을 전개한다. 이러한 실존론적 분석이 존재 의미를 기초짓는 토대적 작업이다.

하이데거의 해석학적 사유는 존재자를 드러내고 그 의미를 밝히는 존재론적 사유 동기를 지니고 있다. 존재자의 존재가 드러나는 실존적 지평은 실존범주로 개념화할 수 있다. 범주category란 말은 사물을 분류하는 고리 같은 개념이다. 옷장에 여름 옷 겨울 옷 등 계절별로 옷을 분류할 수도 있고, 겉옷이나 내의 및 외투처럼 기능별로 분류할 수도 있다. 옷이 사물이라면 보관하는 옷장은 범주인 셈이다. 사물은 범주에 따라 분류된다. 아리스토텔레스가 이미 사물이 존재하는 방식을 분류한 존재범주를 말했으며, 칸트 역시 사물을 인식하는 인식범주에 대한 철학을 전개한 바 있다. 하이데거는 이러한 맥락에 따라 자신만의 철학을 전개하기 위해 의도적으로 실존범주라는 말을 차용한다. 실존범주는 인간이 지닌 실존적 특성을 범주화해서 분류하는 개념이다. 하이데거는 인간의 실존에 존재 의미가 드러난다고 생각하기에 실존을 범주화하여 존재 드러남의 특성을 설명하는 것이다.

실존_{existence}이란, 말 그대로 지금의 실제적 존재를 가리킨다. 이는 본질_{essence}과 대치되는 개념으로 현재의 존재 양식을 표현하는 말이다. 전통 철학에서는 현재 있는 사물 존재자를 가리키는 개념이었지만 하이데거는 자신의 존재론적 의도에 따라 이런 의미를 넘어 현재 인간이 "이렇게 있는" 존재 양식을 가리키는 말로 사용한다. 실존하는 인간은 다른 존재자와 "이렇게 또는 저렇게 관계맺는" 가운데 존재한다. 현사실적 해석학이 지향하는 실존성은 실존하는 존재자의 존재구성틀_{Seinsverfassung}이기에 이 해석학은 실존 분석을 통해 가능해진다. 실존 분석에 따라 정립되는 현사실성의 해석학은 현존재의 실존성인 이해와 시간성에 따른 존재 이해의 해석학이다. 그러기에 하이데거의 해석학은 일차적으로 세계-내-존재로서의 실존성, 마음 쓰는 존재로서 사물과의 관계맺음 속에서 이해하는 현존재라는 특성을 지닌다. 그래서 하이데거는 "현사실적 삶의 운동에 담긴 근본적 의미는 마음 씀"이라고 말한다. 흔히 염려라 옮기는 이 말Sorge은 사실 인간이 매 순간 이렇게 든 저렇게 든 마음을 쓰고 있는 현상을 가리킨다. 이 말을 다만 사전적으로 염려라고 옮기고 있기에 그 의미가 어느 정도 혼란을 일으킨다. "조르게"는 걱정한다는 의미보다는 마음을 쓴다는 표현이 더 정확한 번역이다.

현사실적 삶은 언제나 세계 안에 있는 사물들과 어떤 방식으로든 관계를 맺고 있다. 현재의 인간은 존재자와의 특정한 관계맺음 가운데 존재한다. 또한 현존재는 구체적 상황에 처해 있다는 특성Befindlichkeit과 말함Rede이라는 성격도 지닌다.[4] 현사실적 삶은 하나의 규정된 해석되어 있음이라는 성격에 따라 움직이기에, 그것은 존재 드러남의 시간과 언어에 의해 가능해진다. 존재 드러남의 근원적 지평은 시간이며, 현존재의 이해 역시 시간이라는 지평에서 이루어지기 때문이다. 또한 현존재의 이해 행위는 본질적으로 언어를 통해 가능하며, 이해의 역사 역시 언어라는 지평을 떠나 가능하지 않기 때문이다.[5] 해석학은 현존재의 실존범주에 따른 해명이며, 이는 언어를 통해 이해와 해석으로 드러내는 과정이다.

"염려하는 존재"는 불안이라는 기분에 휩싸여 살아간다. 불안이라는 느낌은 두려움이나 공포 등 부정적 의미를 지닌다기보다는 자신의 존재적 상황을 이해함으로써 주어지는 마음 쓰임의 형태다. 인간은 자신의 존재에, 삶의 과정성과 존재의 모순성 때문에 마음을 쓸 수밖에 없는 존재이며, 그러기에 불안이라는 분위기에 휩싸여 살아가는 존재다. 불안은 인간으로 하여금 자신의 존재적 상황을 이해하고 이를 진지하게 받아들이게 한다. 사람은 불안할 때 오히려 자신의 존재적 상황을 돌아보게 되는 것이다. 살아 있는 존재이기에, 현재라는 지평을 살아갈 수밖에 없는 존재이기에 인간은 결코 이런 상황을 벗어날 수 없다.

인간은 시간의 지평에 놓인 현재적 존재이지만, 끊임없이 자신의 실존성을 바라보면서 자신의 한계와 모순을 넘어 자신을 기획해가는 존재다. 인간은 주어진 본질에 상응하는 것이 아니라 인간이 지닌 존재 가능성과 스스로 이 가능성을 설계하고 기획하면서 만들어가는 기획투사의 존재 양식을 지닌다. 이 말 역시 세계 안에 불가피하게 이런 모습으로 주어져 있지만, 그럼에도 이런 한계를 뛰어넘어 자신의 존재를 자신의 의사에 따라 변형시켜갈 가능성을 지닌 인간의 실존적 성격을 설명한 하이데거

존재해석학

식 개념이다. 실존하는 인간 존재 양식의 가장 두드러진 성격은 존재 이해를 지니고 있다는 것이다. 이 존재 이해를 기반으로 해서 인간은 자신의 존재를 기획하며, 세계와 관계를 맺고 자신의 존재를 만들어간다. 이것이 기투에 담긴 하이데거의 생각이다. 이를 통해 인간이란 본질적으로 이러한 이해와 해석을 수행해가는 존재라는 사실을 거듭 확인하게 된다. 그러기에 인간은 결코 진부함과 따분함에 잠겨 있을 수가 없다. 이러한 일상에 빠져 있을 수 없는 인간, 그 지겨움을 벗어나려는 인간에게 무의미함이란 그야말로 의미 없는 설명에 지나지 않을 것이다. 그는 끊임없이 이 무의미함에 맞서는 가운데 살아간다. 인간은 이 무의미함과 싸우는 가운데 그가 만나는 존재자와 세계에 어떻게든 의미를 부여하게 된다. 이러한 의미 부여의 행위도 해석하는 인간의 특성에 따른 것이다.

우리의 실존적 경험과 삶의 역사를 돌아보면 인간은 자신의 실존적 한계에서 주어지는 물음과 그에 대한 해답을 추구하면서 살아왔음을 알 수 있다. 인간의 실존적 물음을 자신과 관계된 세계 전체로, 즉 자연과 역사에, 자신과 타자에, 삶과 존재에 적용하고 확대한 과정이 역사이며, 그에 대한 체계적 대답의 과정과 결과물이 인간의 문화 일반일 것이다. 사회와 경제, 정치와 과학 기술은 물론 인문학과 문화, 예술 전체는 실존적 질문과 그에 대한 존재론적 대응의 결과다. 그 모두는 이러한 세계에 대해 의미를 묻는 인간이 이해하고 해석해온 과정에서 형성된 체계라 말할 수 있다.

　이해하는 존재인 인간에게 존재자가 존재자로 드러나는 순간은 존재가 열어 밝혀지는 시간이다. 이러한 열어 밝혀짐과 그 시간을 해석하는 행위는 인간이 지닌 실존적 특성에 대한 이해에 관계한다. 그래서 우리는 철학을 인간의 본질에 따라 사건을 이해하고 해석하는 의미론이라고 말할 수 있다. 인간은 이해하는 만큼 존재하며, 그 이해가 자기의 존재이기 때문이다. 우리의 있음과 사물이 이렇게 존재한다는 사실을, 그리고 그 의미를 해명하는 작업이야말로 철학 본래의 과제 가운데 하나다. 인식이라는 측면에서 보자면, 인간의 이해는 언제나 우리의 것이다. 그것은 객관적이며 보편적인 것이라기보다 나에게 인식된 것이다. 동물이나 다른 사람은 나와는 달리 이해한다. 따라서 이러한 나의 이해, 인간의 이해를 밝히는 것이 해석이며, 그 해석이 자리하는 곳이 존재론적 의미다. 이러한 존재론적 의미를 진리라 이름한다. 해석학은 존재자의 존재를 현존재인 나와의 관계에서 존재로 드러내는 작업이다. 우리의 모든 학문적이며 실천적인 자기관계와 세계관계는 이러한 과정에 근거하여 가능해진다. 그러기에 이해의 학문으로서 철학은 실존론적인 해석의 특성을 지니는 것이다.

실존하는 인간은 불가피하게 본래의 자신이 아니라 다른 사람들이 말하고 행동하는 데로 휩쓸려 스스로의 삶을 이끌어가지 못하기도 한다. 이런 모습을 하이데거는 비본래적 삶이라고 말한다. 본래적 삶을 상실한 사람은 일반 사람들의 삶에 매몰되어 자신의 실존을 스스로 바라보지도, 그것을 스스로 떠맡지도 못한다. 그는 자신이 지닌 존재 가능성을 알지 못한다. 그는 자신의 존재를 스스로 이해하지도, 그 이해를 자신의 말로 드러내지도 못한다. 그런 비본래적 삶을 하이데거는 "빠져 있음Verfallen, 퇴락"이라 부른다. 이 삶은 잡담과 애매함에 빠져 있는 삶이기도 하다. 자신의 존재 가능성과 존재 의미를 보지 못하는 삶이 비본래적이다. 물론 이 비본래적 삶이나 빠져 있음이라는 개념이 비도덕적이거나 오류의 삶, 삶의 어떤 부정적 측면을 드러내는 것은 아니다. 오히려 인간은 본래적이면서 비본래적이기도 하며, 이런 모습으로 일상의 삶을 살고 있다.

인간은 이러한 본래성과 비본래성 사이에서 방황하는 존재다. 인간의 삶은 그 어떤 경우에도 완성되지 않는 것이기에, 인간은 영원히 나그네인 존재homo viator며 끝없이 길 위에 서 있는 존재일 것이다. 그러기에 인간은 어쩌면 이러한 삶의 과정과 존재적 상황을 이해하고 받아들이면서, 이를 넘어서기 위해 끊임없이 걸

해석학

어가야만 하는 모순적 존재일지도 모른다. 이 끝없이 걸어가는 삶, 영원히 완성되지 않지만 매 순간 완성되어 있는 삶, 벌써 이루어졌지만 아직 이루어지지 아니한 그 사이에 자리한 것이 인간 본연의 모습일 것이다.

존재해석학

3

존재해석학의 개념

앞선 이해와 해석학적 순환

하이데거는 인간이 지닌 존재 이해에는 앞선 이해[先理解]가 작동한다고 말한다. 존재 이해란 존재자가 존재하는 의미를 밝히는 작업이다. 자연 속의 모든 사물과 사건은 무엇보다도 먼저 그렇게 있기 때문에 사실로 드러난다. 이렇게 있다는 사실, 존재한다는 사건이 있기에 사물들이 우리에게 그런 모습으로 보인다. 그래서 하이데거는 있는 사물과 사건을 존재자라고 말하고 이것이 있다는 근원적 현상을 존재라고 말한다. 모든 존재자는 존재라는 지평에서 있게 된다. 이렇게 존재하는 의미를 밝히는 작업인 해석학은 우리가 무엇을 해석하려는 그 순간 이 존재론적 의미가 이미 주어져 있다고 말한다.

이처럼 모든 이해는 있다는 사실에 대한 앞선 이해를 전제로 한다. 이 앞선 이해를 하이데거는 앞서 보기Vorsicht, 앞서 파악하기Vorgriff. 앞서 가짐Vorhabe이라는 특성으로 설명한다. 이것이 이해의 앞선 구조다. 해석하는 인간의 행위는 이미 그에 대한 앞선 이해에 따라 이루어진다. 성서를 해석하려는 사람은 그리스도교에 대한 앞선 이해를 가지고 있으며, 이 앞선 이해가 또한 성서를 해석하는 행위에 중요한 전제로 작동한다. 이런 구조는 모든 텍스트 해석 작업에 똑같이 작용된다. 니체의 철학 텍스트를 해석하려는 독자는 이미 그에 대한 앞선 이해를 지니고 있다. 한 편의 예술 작품이나 영화를 이해하려는 데도 이런 구조는 동일하게 작동한다. 어떤 영화를 보려 할 때, 우리는 이미 그 영화에 대한 어떤 앞선 이해를 가지고 있기에 그 영화를 선택하며, 영화를 보는 동안도 이 앞선 이해가 어떠한 형태로든 함께 작용하는 것이다. 이해의 구조는 앞선 이해를 가지고 있으며, 그 이해가 이해하는 행위에 상호작용한다. 이해와 앞선 이해는 함께 이루어진다.

해석학의 이해는 이러한 순환의 과정에 놓여 있다. 이 해석학적 순환은 텍스트에 대한 이해를 넘어 존재론으로 이어진다. 즉 텍스트 이해는 나의 존재론적 의미와 밀접히 연관되기에 그 이해는 이미 나의 존재를 전제한다. 존재론적 의미가 텍스트 이해의 선행하는 의미로 작용하며, 이것이 또한 나의 존재 의미를 결정한다는 것이다. 또한 앞선 이해가 텍스트 이해를 선행적으로 규정하지만, 동시에 이러한 해석이 텍스트를 이해하는 그 선행적 이해를 결정한다. 따라서 텍스트는 이러한 존재 의미와 무관하게 객관적으로 무시간적, 무역사적으로 그리고 이러한 영향사적 구조를 벗어나 존재하는 것일 수 없다. 텍스트는 이러한 특성을 지닌 텍스트이며, 텍스트의 텍스트성 역시 이러한 이해의 구조에서 결정된다.

따라서 해석학에서 말하는 앞선 이해란 우리의 이해 행위가 어떤 선입견이나 편견을 지닌다는 뜻이 아니라, 이해가 실존적이며 총체성과 역사성을 지닌다는 의미를 담고 있다. 텍스트가 해석의 텍스트로 작용하는 것은 이미 해석하는 사람의 존재 의미, 그 역사적이며 총체적인 지평에서 이루어진다. 이러한 지평은 역사의 상호 영향사에서 성립된다. 선불교의 교조 6조 혜능은 그의 선불교 사상을 설명한 『육조단경』에서 모든 사물과 사건에서 결과만이 아닌 원인과 결과가 상호작용하는 상호인과를 정확히 이해하라고 말한다. 그것 없이 우리는 사물과 사건을 이해할 수 없다. 전통적 서양철학은 인과율에 대해 말한다. 오늘날 이 인과율의 사고는 의문시되기에 이르렀다. 과연 모든 사건에는 원인과 결과가 존재하는 것일까. 물론 일상적인 삶과 사건은 분명 원인과 결과에 따른다. 그러나 선험적 목적론을 제외한 채 말

한다면 인과율의 범위와 한계에 대해 논의하지 않을 수가 없게
된다.

"~으로서의 구조"

앞선 이해에 바탕하여 이루어지는 해석학적 작업은 이해 체계
전체에 작동한다. 이렇게 이루어진 이해가 다시금 해석학적 앞
선 이해로 작용한다. 이처럼 해석학적 이해는 앞선 이해와 해석
과정에 순환적 구조로 작동한다. 그럼에도 이 해석학적 순환은
다만 동일한 것이 반복되는 것이 아니라 이 반복을 통해 의미를
생성한다. 해석학적 순환은 의미의 확장으로 이어진다. 동일한
것의 반복을 통한 의미의 생성이 해석학적 순환 구조에 담겨 있
는 것이다. 이해는 무엇을 무엇으로 이해한다는 특성을 지닌다.
우리는 사람을 어떤 사람으로 이해하며, 스마트폰을 일상의 삶
에서 사회적 교류를 위한 도구로 이해한다. 의자는 앉는 도구로
서의 의자이며 연필은 무엇을 기록하는 필기구로서 있다. 이러
한 구조를 "~으로서의 구조Als Struktur/as structure"라고 말한다. 존재
론적 해석학에서 이해란 언제나 "무엇을 무엇으로서" 받아들이
는 이해다.

『존재와 시간』에서 말하는 해석이란 우리가 세계 안에서 만나
는 것 그 자체와 함께 이미 세계를 이해하는 가운데 있는 모든 것

존재해석학

들이 우리에게 열어 밝혀지는 과정을 거쳐 이루어진다. 또한 해석을 통해 우리의 이해 안으로 끄집어내어지는 것은 사물이 사물로서 드러나는 과정이다. 해석 과정은 이해를 위해 기획되는 것이며, 그때마다 존재를 이해하는 현존재인 인간이 그렇게 이해하는 사물의 존재 양식에 상응하는 과정이다. 그것은 사물의 존재 가능성을 일깨우는 과정이기도 하다. 이를 통해 해석에서 앞서 파악된 것이 의미를 지니게 된다. 그 의미에는 어떤 것에 대한 이해가 포함되어 있다. 이제 의미는 이해하는 해석이 존재자를 그렇게 분류하여 파악하는 것에 속해 있다. 이러한 이해 과정을 해석학에서는 "~으로서의 구조"로 명제화한다.

하이데거는 이 구조를 이해하는 해석인 근원적인 "~으로서"와, 그것을 말과 글로써 드러내는 서술적인 "~으로서"로 구별한다. 근원적인 "~으로서"는 이해하는 해석이며, 실존론적인 해석학이다. 이것은 이해하면서 존재자와 마주하고, 해석하면서 드러내는 과정이 결합되고 분리되는 데서 이루어진다. 이런 해석의 과정은 근본적으로 로고스의 특성에 근거한다. 그것은 인간의 존재론적 특성 가운데 하나며, 근본적으로 시간적 성격에 의해 가능하다. 그래서 하이데거는 해석학은 로고스의 해석학이며 시간에 대한 기초존재론적 이해 없이는 올바르게 정립되지 못한다고 말한다. 현존재의 현상학적 로고스는 그 근본 구조에서 볼 때 해석학이기에 그것은 동시에 모든 존재론적 탐구의 가능 조건을 정리하는 작업인 것이다. 따라서 하이데거는 현존재의 현상학을 근원적 의미에서 해석학으로 이해한다. 그에 비해 서술적인 "~으로서"는 이를 언어나 텍스트로 재현하는 파생적 해석이다.

해석학적 지평

텍스트는 그것이 자리한 문맥context 위에 놓인다. 컨텍스트를 떠나 텍스트는 이해되지 않는다. 지평이란 일차적으로 해석학적 작업이 수행되는 전체적 컨텍스트를 가리킨다. 나아가 해석학적 지평은 해석학적 순환 구조나 앞선 이해, 이해의 존재론적 터전을 지칭하는 모든 해석학적 터전을 의미한다. 이는 마치 배가 바다 위에 떠 있듯이 하나의 텍스트가 자리한 터전이다. 바다에 떠 있는 배를 이해하기 위해서 바다라는 지평을 바라봐야 하듯이 텍스트는 해석학적 지평을 떠나 올바르게 이해되지 않는다. 성서해석학에서 말하는 삶의 자리Sitz im Leben 역시 이런 관점에서 생각할 수 있다. 해석학에서 말하는 지평은 삶의 자리처럼 텍스트가 놓인 문맥과 터전, 역사적 배경과 그에 대한 이해의 역사를 포함한다. 나아가 해석학적 지평은 해석자의 존재론적 자리까지도 함께 말함으로써 텍스트가 자리한 총체적 터전을 설명하는

존재해석학

개념이다. 해석학적 지평은 이처럼 텍스트의 지평을 넘어 존재론적 지평까지도 포함한다. 그것은 저자와 독자의 삶의 자리는 물론 텍스트가 놓인 자리의 존재론적 의미를 말한다. 해석학적 지평과 과정을 끊임없이 상호작용하는 데 해석학의 특성이 자리한다.

4 존재해석학의 역사성

철학의 이중적 과제

해석학적 특성을 지니는 철학은 자신이 무엇인지 물으면서 시작하는 학문이다. 지금 이곳에서 철학이 무엇을 의미하는지 묻는 것이 바로 철학인 학문, 그 과정 자체가 철학인 학문, 그래서 매 순간 자신을 규정하는 것에서 시작되는 사유가 바로 철학이다. 이 자기이해와 자기규정은 시간적 과정을 떠나서는 결코 가능하지 않기에 해석학은 근본적으로 역사적 사유로 결정된다. 존재해석학은 본질적으로 역사성의 철학이다.

이 철학이 자리한 역사는 시간의 본성에 의한 것이지, 결코 과거-현재-미래의 직선적 시간관에 근거한 연속적 사실事實의 결과이거나, 일어난 사실의 축적으로서의 역사가 아니다. 그때의 역사는 시간이 상호 영향을 미치는 것으로서의 역사이며, 존재의 진리와 관계된 역사성으로서의 역사이다. 철학이 근거한 역사성은 객관적 시간의 연속이나 사건의 집적을 뛰어넘는, 역사의 존재 의미론에 근거해 있다. 철학은 역사적이면서 동시에 역사를 넘어 존재한다. 이런 관점에서 철학은 이중적 의미에서 역사와 관련된다.

독일 철학자 슈나이더스W. Schneiders는 현대 철학을 세 가지 방향성에서 규정한다. 과학적 학문과 철학의 대립, 점차 과학적인 방향으로 흘러가는 철학과 이에 비해 더 실존적인 철학적 이념의 대립과 함께, 이것들이 함께 속하는 변증법적 관계가 그것이다.[6] 그것은 20세기에 특별히 심각했던 사회적, 실존적 위기는 물론, 이와 연관지어 과학적 성공과 실존적 구원에의 희망이 공속하는 변증법에 의한 것이다. 그것은 서구 문화가 전통적으로 철학을 "영원의 철학philosophia perennis"이라 불렀던 경향에서 잘 드러난다. 철학은 인간이 세계에서 경험하는 위기를 넘어 사회적이며 실존적인 구원과 의미를 체험하게 만드는 데 자리한다. 그러기에 그 철학은 인간의 시작과 끝을 함께하는 영원의 철학이다. 철학은 인간 존재의 총체적 경험과 함께하며, 그의 시간과 함께한다.

이런 관점에서 슈나이더스는 독일 철학의 독특한 역사적 경험을 강조한다. 그것은 전대미문의 야만적 전쟁에서 패전국이면서도 가해자였던 독일의 경험을 가리킨다. 이 경험은 영국이나 프랑스에 비해 늦었던 계몽주의의 수용과 제국주의의 경험, 보편적 인류사 및 그 책임과 연관되어 있다. 이러한 역사적 경험과 그에 대한 성찰에 따라 철학이 달리 결정될 수밖에 없다는 것이다. 유래 없는 제국주의의 확장과 유럽의 패권, 그 안에서 불가피하게 주어졌던 두 차례의 야만에 대한 성찰 없이 현대 철학은 철학으로 자리하지 못한다. 그것은 각 시대의 철학, 예를 들어 로티의 신실용주의나 미국의 심리철학, 논리분석철학의 경향을 이해하는 데서도 예외는 아니다. 이런 관점에서 볼 때 프랑스의 후기 구조주의 역시 프랑스 합리주의에 대한 대응과 낭만주의와 계몽주의의 갈등에 대한 20세기 프랑스 철학의 응답이다. 그것은 독일의 경우 견고한 철학 전통에서 생겨난 역사적 해석 철학의 결과로 나타날 수밖에 없다.

철학이 구원의 철학이 되어야 한다는 강박관념은 유럽의 사유와 역사에서 주어진 체험이다. 신God과 마주하고 신을 체험하는 인간의 상황과 함께, 신을 부정하더라도 그를 대신할 그 어떤 존재의 근거, 불안의 바닥에서 추구하는 절대적 희망의 근거 등은 인간이 철학을 포기하지 않고 "근원적 복음에 근원적으로 대답을 추구"할 때 주어지는 철학의 모습이다. 그것은 사유에서 주어지며, 또한 언제나 사유 그 자체이다. 이런 관점에서 슈나이더스는 미래 철학을 모든 진리를 지배하는 일종의 기획 철학으로 이해한다. 그것은 "무엇이 존재하며, 존재하는 것을 어떻게 이해할 수 있는가의 물음 대신에 완전히 새로운 철학의 요구"에 따르는 것이다. 그럼에도 그것이 계몽주의의 맥락에서 이해되는 기획의 철학일 수는 없다. 차라리 그것은 합목적성을 폐기한 뒤에 주어지는 자체 목적적인 철학을 의미한다.

이와 달리, 해석하는 현존재의 철학은 유럽의 존재-신-론onto-theo-logy 전통을 넘어서려 한다. 하이데거에 따르면 유럽의 철학은 존재와 신을 동일시한 논리적 학문이며, 그러한 역사와 전통에 갇힌 철학이다. 이러한 철학은 현재의 인간과 세계 상황을 해명하는 데 한계를 지닐 수밖에 없다. 현존재의 철학은 그런 한계를 넘어 철학의 종말과 인류사에서 이성의 폐해를 경험한 뒤 주어지는 철학이다. 그 철학은 유럽의 전통 철학을 넘어서고 그 형태를 변화시키는 데로 나아갈 것이다. 이를 위해 역사적으로 형성되었고 존재 사유를 감내하면서 극복하는 과정이 필요하다.

이러한 현대 유럽 철학의 고뇌에 비해 지금 여기서 해석하는 우리의 철학은 어떤 모습일까. 야만적 세계 전쟁의 피해자이면서 제국주의에 희생된 역사, 근대를 때늦게 수용했지만 근대가 과잉으로 작동하는 역사의 모순 한가운데 놓인 우리의 경험은 어떻게 철학적으로 수용되는가. 냉전 체제의 반공 이데올로기의 피해자이면서 여전히 그 역기능에 허덕이는 우리의 철학은 결코 유럽적 철학일 수가 없다. 그것은 해석학적 철학의 본질을 거스르는 철학의 배반에 지나지 않는다. 존재론적 의미에 관한 역사적인 철학은 우리에게는 다른 모습으로 드러날 수밖에 없다. 철학적 사유의 틀은 역사적 체험지평에서 유래하며, 또한 그것이 미래를 결정한다. 하이데거의 말처럼 철학의 근원과 유래는 언제나 자신의 미래에 머물러 있기 때문이다.[7] 철학의 현재는 이런 역사성의 해석에 자리하고 있으며, 우리의 해석학 역시 우리의 역사적 경험을 떠나 주어지지 않는다. 여기서 말하는 우리란 어떤 민족적 단위가 아니라, 언어와 역사적 경험을 공유하는 공동체를 가리킨다.

이처럼 실존하는 존재인 우리에게 요구되는 철학은 그 역사적 경험과 현대의 사유에서 미래를 앞서 결단하는 존재론에서 주어진다. 그것이 존재론적 해석학을 역사성에 관련지어 지금 이곳에서 이루어지는 우리의 철학으로 이해하는 근본 취지이다. 이러한 철학 작업은 일차적으로 유럽 철학의 전통이나 '철학'으로 규정된 학문사적 철학을 넘어서는 데서 시작된다. 그와 함께 지금 여기에서의 해석학적 작업을 수행하면서 다가올 시간을 앞서 결단하는 과제를 이끌어가는 이중적 모습으로 드러난다. 그 철

존재해석학

학은 우리의 현재와 존재를 언어화하는 길이며, 그를 위한 사유의 과정이 될 것이다.[8]

해석의 역사적 특성

존재는 언어를 통해 드러난다. 이렇게 밝혀내는 것이 철학적 사유의 과제이기에 이때의 언어철학은 존재에 대한 해석학이다. 이 해석학은 근본적으로 존재자체를 인간 현존재의 역사성에서 이해하는 해석의 틀을 의미한다. 그것은 존재가 역사적으로, 스스로를 시간으로 드러내는 데 대한 이해이며, 인간 현존재가 존재 이해를 통해 존재한다는 말이기도 하다. 해석학은 역사적인 언어의 매개를 통해 이해된다. 즉 이러한 해석학은 역사적 경험을 현재와 미래에 미루어 해석하는 매개 작업이며 언어를 통해 드러난다는 뜻이다. 결국 해석학이 존재 의미의 언어해석학이라면 그것은 존재 역사적인 특성을 지닐 수밖에 없게 된다.

현존재의 존재 가능으로서의 이해는 실존론적이기에 그것은 한편 실존론적 역사를 지닌다. 그럼에도 그 역사는 결코 객체적이지 않다. 해석학의 역사적 인식은 엄밀한 과학의 층위를 넘어서 있다. 오히려 그것은 역사에 대한 성찰에서 이루어진다. 그래서 하이데거는 철학의 우선하는 과제를 역사성의 해명에서 찾는다. 역사성은 역사학의 개념 형성에 대한 이론이나 역사학적 인식 이론도 아니며, 역사학의 대상으로서의 역사에 대한 이론 역시 아니다. 오히려 필요한 것은 "본래의 역사적인 존재자를 그것의 역사성에 비추어 해석하는 일"이라고 하이데거는『존재와 시간』에서 역설한다. 그것은 역사적 반성과 그 이해에 따라 변화한다. 철학의 역사는 이해의 역사이며 존재 이해가 현재화한 역사이다. 존재 이해의 역사가 철학 자체이며, 그에 따라 철학은 그때마다의 철학으로 이해될 것이다. 그 철학은 역사적 특성을 지닌다.

그럼에도 이 철학은 존재에 관한 역사성의 성찰이지, 존재 해석에 대한 역사적 나열은 아니다. 또한 해석은 존재론적 이해 안에서 주어지며, 이해한 존재 내에서 움직인다. 해석은 이해한 것을 자기 것으로 만드는 과정이기에 언제나 앞선 구조에 따라 미리 주어진다. 해석은 앞선 이해 없이 이루어지지 않는다. 해석의 앞선 구조는 해석 구조의 순환적 성격에 따른 것이지만, 이 순환의 원리는 해석의 역사성과 역사와의 관련에 따라 또 다른 층위에서 순환적 구조를 지닌다. 역사는 역사성에서 이해되고, 그 역사성은 역사에 근거해서 정립되는 구조가 그것이다. 즉 사실과 성찰의 순환고리다. 해석은 사실을 떠나 이루어지지 않지만, 사실에만 매여 있는 이해도 올바른 것은 아니다. 성찰의 순환고리를 연결짓는 것은 거듭 존재 이해에 따른다. 그와 더불어 이해의

존재해석학

역사 역시 해석학을 성립하는 중요한 전제가 된다. 우리의 이해는 역사적 과정을 거쳐 성립되며, 이런 결과가 또한 이해의 역사성을 결정하는 데 작용하기 때문이다. 해석학적 순환은 해석하는 역사의 순환성을 포함한다. 그래서 해석의 역사는 존재 이해가 시작되어 그렇게 이행하며, 다시금 근원으로 회귀하는 순환의 과정을 포함하기도 한다.

진리를 역사 저편에서 찾으려는 희망을 포기할 때 역사의 진리성은 역사 자체에서 주어진다는 사실을 받아들이게 될 것이다. 이때 진리는 역사를 이해함으로써 역사를 가능하게 하는 근거로 자리한다. 진리는 초역사적으로 주어진 어떤 것이 아니지만, 또한 사실적 현실의 단순한 반복도 아니다. 역사는 진리와 관계되어 이해되기에 역사는 세계관계의 기능을 지닌다. 역사와 진리의 관련에서 볼 때 존재 드러남이 진리라면, 그 진리는 역사적 사유일 수밖에 없다. 그럼에도 그때의 역사는 사실의 연속이 아니라, 사실 이해의 연속성으로 이해해야 한다. 왜냐하면 존재 드러남은 그때마다 존재자의 존재 근거이지, 그 자체로 존재자로 이해되는 것이 아니기 때문이다. 여기서 하이데거가 말하는 존재 역운存在歷運, Seinsgeschick의 의미가 드러난다. 존재 역운이란 인간이 존재를 이해하는 역사적 과정을 존재의 관점에서 표현한 말이다.

존재 역운이라는 독일어 게시크Ge-schick의 전철 "ge-"에는 '모으다'는 의미가 있다. 이 말은 운명과는 상관이 없다. 하이데거 철학에서 '사유'란 모아 보내는 것이며, 역사적으로 수행되는 것이다. 그것은 존재 역사의 사유이며 존재 보냄의 역사에서 이루어지는 사유이다. 그래서 그것은 인간에게 그때마다 감추어진 것이 드러나는 특수한 탈은폐의 방식을 지닌다. 탈은폐는 존재자가 존재를 통해 드러나는 과정은 존재 '보냄'과 함께 인간이 그에 상응하여 이를 받아들이는 과정을 포함한다. 이 과정이 역사적이기에 하이데거는 이것을 존재 역운이라고 표현한다. 그것은 역사적이며 내면적으로는 운명적이기까지 하기에 하이데거는 굳이 이런 표현을 사용한 것이다. 인간은 역사를 통해 존재를 이해하기에, 이해하는 인간의 자기관계와 세계관계는 역사적이며 해석학적으로 이루어진다.[9]

존재 역운을 말하는 까닭은 존재자의 존재에 귀 기울이는 우리의 사유가 존재 의미에 대한 질문과 대응의 역사이기 때문이다. 그것은 진리를 이해하는 과정이 역사적이며 역사를 떠나 이루어지지 않는다는 의미이기도 하다. 그럼에도 그 역사는 거듭 역사주의에서 말하듯이 과거의 결정된 역사를 말하지 않는다. 이런 이해를 존재의 관점에서 비유적으로 표현한 것이 존재 역운이라는 말이다. 하이데거에 의하면 존재를 망각하거나 존재

존재해석학

의미가 뒤틀리는 것은 존재 사유의 역사에서는 불가피한 일이다. 그것은 인간의 유한성에서 비롯되었다는 점에서는 필연적 한계이지만, 역사를 통해 존재에의 사유가 드러난다는 측면에서는 당연한 사실일지도 모른다. 역사는 존재 이해가 드러나는 과정이면서 존재 이해를 이루어가는 길이기도 하다. 그와 함께 우리가 자리한 이 순간의 존재 이해는 어쩌면 역사적 과정을 거치면서 주어진 숙명인지도 모른다. 그러기에 하이데거는 존재 역운의 뒤틀림과 불가피함을 감내하면서도 이를 넘어 존재 사유로 초월해가는 극복의 사유를 말하는 것이다.

존재론적 해석학은 이처럼 역사적이며 현재적이다. 그것은 철저히 존재론적 진리에 관계한다. 그것은 언제나 과정 중에 있고 생성 중에 있으며, 그 생성의 과정 전체가 해석학적이기도 하다. 철학은 결코 철학의 역사에 대한 지식이거나 철학 지식을 쌓는 데 있지 않다. 오히려 그에 대한 성찰이 철학이며, 성찰을 위해 우리는 지식을 필요로 한다. 철학은 역사적 지식은 아니지만, 또한 지식이 아닌 것도 아니다. 철학은 그 모든 것을 부정하지 않지만 그에 매여 있지도 않다. 철학은 본질적으로 해석학적이고 존재론적이며, 역사적이다. 철학은 사물에 대한, 존재자에 대한 지식이 아니라 철저히 존재를 이해하는 인간의 해석학적 학문이다.

존재에 대한 역사적 사유는 근원적 사유이기에, 형이상학적이기도 하다. 그것은 또한 현재적 사유이기에 기술공학 시대로 전환된 근대의 결과를 벗어나지도 못한다. 이 시대는 과학주의와 물질주의의 시대, 존재자를 존재자로 이해하는 시대다. 여기서 존재론적 해석학은 또 다른 기원을 기다리며, 이 시대를 감내한다. 감내하는 해석학은 근원적 사유로 이어가면서 이를 극복해간다. 여기에 하이데거가 말하는 존재 사유의 초월적 극복이라는 특성이 자리한다. 존재 사유는 역사와 현재를 감내하면서 사유를 통해 이를 초월적으로 극복해간다. 해석학에 담긴 존재론적 특성은 이런 측면을 떠나서는 명확히 이해되지 않을 것이다.

객관적 지식이라는 말은 데카르트 이래 합리론과 자연과학적 방법론에 연관된 이해의 일면적 양식을 드러내는 표현이다. 자연과학 역시 인간의 인지 체계처럼 해석을 내포한다. 그래서 자연과학조차 자료에 대한 해석되지 않은 중립적 객관성에 머무를 수가 없다. 오히려 그에 대한 이론적 의미와의 연관, 가설과 전제들이 서로 비교되고 대결한다. 자연과학과 사회과학의 진리 사이에 기초적인 차이는 존재하지 않지만, 그 해석은 공통된 지평에서 만나지 못한다. 여기서 로티는 해석학을 실재에 관해 어떤 공동의 언어로 풀어낼 수 없는 해명이며, 여전히 이러한 공약 불가능한 논의에 관한 담론이라 부른다. 그 말은 해석학이 어떤 경

우라도 존재자 인식에 관한 보편적이거나 공통적인 원리를 제시하려는 학문이 아니라는 뜻이다.[10]

로티의 이해에 따르면 해석학이란, 경쟁하는 담론 사이의 의사소통에 실패할 때라도 언제나 필요하다. 이것은 다른 언어와 문화에 의미를 부여하는 작업이기도 하다. 그래서 그는 이런 해석학이 실용주의적으로 변용된 경우를 토마스 쿤Th. Kuhn의 '패러다임 이론'이나 기어츠C. Geertz의 문화해석학에까지 연결지어 설명한다. 해석학은 철학을 넘어 인간이 이루어가는 모든 지성적 활동에 이해의 원리로 작동한다. 이로써 존재론적 해석학은 근대 이후의 문화적 경험과 생활세계에 대한 해석과 이해의 철학적 지평으로 제기될 수 있다. 현대의 생활세계와 시대정신에서 정의되는 철학이 여기서는 고대의 자연철학을 넘어서는 문화철학으로 규정되었다. 그것은 문화에 대한 해석학이나 문화 현상을 설명하는 철학이 아니라, 문화적 경험에서 비롯되는 철학이며 문화에 의해 "철학하는to philosophy" 노력으로서의 해석을 의미한다. 그것은 인간이 현상과 사건을 해석하는 가운데 철학한다는 뜻이다. 그런 관점에서 인간은 비주제적으로도 철학하지만 명확한 해석을 통할 때만이 주제적이며 명시적으로 철학한다고 말할 수 있다.

신이나 천사에게는 철학이 필요하지 않다. 동물은 철학하지 못한다. 그러나 인간의 의미 추구 역사, 이해의 흐름은 철학으로만 가능하다. 인간은 철학하지 않은 채 존재하지 못한다. 그것은 인간의 교만이나 인간중심주의의 산물이 아니라 오히려 인간의 숙명이라 말해야 할 것이다. 철학 없이 인간은 존재적으로는 있지만 존재론적으로는 있지 않다. 해석하는 존재인 인간은 명시적이며 주제적으로 철학하면서 존재한다. 자연적으로 존재하는 인간이라도 주제적으로 철학하지 않을 때 그는 존재론적으로 있는 것이 아니다.

역사성과 철학의 자리

철학은 해석학이며 역사적이라는 말이 철학을 철학사로 환원하거나, 그에 대한 이해에 국한하는 말로 이해되어서는 안 된다. 철학사는 철학 작업의 역사적 나열이지 철학 자체가 아니다. 오히려 철학사는 철학의 역사성에 따라 이해의 방향이 결정된다. 철학이 없는 곳에는 역사도 없다. 철학은 스스로 역사이며 역사 자체이기도 하다. 왜냐하면 역사는 이해의 시간이 흘러온 과정이기 때문이다. 철학함으로써 존재론적으로 시간이 존재하게 된다. 이때의 역사는 결코 시간의 흐름, 사실의 연속이나 그 기록을 의미하지 않는다. 철학이 역사라 함은 그것이 인간의 이해를 형성하고 이끌어간다는 뜻이다. 그래서 철학은 학문이면서 학문이상이기도 하다. 근원에 대한 해석과 성찰로서의 철학은 학문 이상의 것이지만, 그럼에도 철학은 학문으로서의 외연과 범주를 지닌다. 그러기에 근원으로서의 철학에는 안과 밖이 존재하지 않는다. 철학의 안은 학문으로 드러나며, 학문으로서의 철학은 철학의 안을 지향한다.

철학의 역사는 존재한다. 그럼에도 그 역사는 개별 학문사와 같지 않다. 철학은 결코 앞선 사상을 토대로 하여 그 연구 업적을 딛고서 시작하는 것이 아니라, 근원에 대한 성찰에서 늘상 새롭게 시작한다. 철학은 "철학이란 무엇인가"라고 물으면서 철학한다. 철학이 무엇인가 묻는 그 질문이 바로 철학이며, 철학을 규정하는 행위 자체가 이미 해석학적으로 정향된 철학이기 때문이다. 철학은 학설이나 이론의 연속성에 매이지 않는다. 철학은 근원적으로 그러한 체계 이전의 근원적 사유에 관계된다. 철학이 역사라는 말을 독일 철학자 롬바흐R. Rombach는 철학이 역사 안에서 있다는 정도의 의미는 아니라고 한다. 철학은 인간이 시간의 흐름 안에서 성취한 결과의 나열이 아니라 이해함으로써 시간을 시간이게 하는 해석의 과정이다. 철학의 역사를 존재론적 역사성에 따라 이해한다면 그것은 철저히 해석학적일 수밖에 없게 된다.

이에 따라 철학은 새로운 현재를 획득한다. 이때의 현재는 과거와 미래에 의해 열려진 현재이며, 그에 의해 규정된 현재이다. 그것은 미래에 대한 앞선 결단이 이루어지는 현재이기에, 미래에 의해 현재로 규정된다. 동시에 그 현재는 과거를 새롭게 해석함으로써 과거를 매 순간 다시금 규정한다. 현재는 미래를 결단하며, 과거를 해석하는 현재이다. 이제 현재의 세계는 과거와 미래의 결단과 해석이 만나는 터전이며 상호작용하는 세계이다. 해석학적 현재는 과거와 미래가 상호작용하는 지평이다.

그 시간은 롬바흐의 말처럼 철학이 인간적인 것의 근본적인 조건에 따라 자신의 의미를 전환시킴으로써 현재를 새롭게 획득하는 순간이다.[11] 그에 따라 우리는 해석하는 현재의 상황을 이해하게 된다. 그것이 새로운 현재를 획득하는 존재해석학의 역사철학적 목표다. 해석학으로서의 철학은 이로써 역사를 현재의 사건으로 결정한다. 그것은 한편으로는 역사 해석의 틀을 결정하는 일이기도 하다. 물리적 시간의 흐름에만 주목할 때 우리는 인간적 현상이 지닌 역사성을 이해하지 못한다. 역사적 현상들은 그들의 시간성에 따라 구별된다. 역사성은 역사 내용보다 더 근원적이다. 그것은 역사성에 따라 역사의 내용들이 의미를 지니고, 그 뜻이 규정되기 때문이다. 그러기에 롬바흐는 "역사성의 역사가 존재"하며, 이것은 활동하는 철학으로 생겨나게 된다고 말한다.

철학의 본성은 역사성에 따라 규정된다. 역사적 맥락context에서 사건과 사물을 이해한다는 말은 그 맥락에서 사건과 사물이 발생한다는 뜻이다. 사건과 사물의 의미를 이러한 역사적 맥락에서 정초하는 것이 존재론적 해석학의 목표다. 그래서 존재론적 해석학은 이러한 역사적 맥락의 존재론적 의미를 밝히려 한다. 그것은 단순히 역사를 객관적 인식의 층위를 넘어 인간과의 관계에서 드러나는 의미를 말한다. 이렇게 밝힌 존재 의미에 근거하여 개별 행위의 의미가 규정되며 사물이 이해되기 때문이다. 그러한 근거 정립은 본질로서의 근거가 아니라, 총체적 행위의 역사로서 근거를 정립fundament한다는 뜻이다. 시대의 차이에 따라 철학은 그때마다 의미의 차이를 지닐 테지만, 현재의 철학은 현재의 역사성에서 규정된다. 철학의 해석학적 지평hermeneutical horizon은 현재의 역사성에서 주어진다.

철학은 결코 자신의 자리를 떠나 존재하지 않기에, 우리는 유럽의 철학이나 지금 이곳의 우리 철학을 그들이 생겨난 자리를 떠나 단순히 비교할 수 없으며, 그러한 비교는 정당하지도 않다. 역사의 여러 다양한 시기에 철학은 그 시대마다 아주 다른 명칭으로 불렸다는 롬바흐의 지적 역시 이러한 점에서 이해된다. 철학은 다른 명칭과 내용의 차이에도 불구하고 역사성에 관계하여 동일함을 지닌다. 철학의 역사는 차이를 지니지만, 역사성은 그 차이를 넘어서는 동일성을 보증하는 근거가 된다. 각기 다른 시대에 철학은 그 내용만이 아니라 철학이라는 개념, 그 자리와 영역, 철학의 방법과 철학적 사유의 척도가 다를 수밖에 없다. 그럼에도 이 다름은 결국 역사성에서 주어지는 철학의 동일성에 따라 이루어진다. 차이가 있기 위해서는 동일성이 주어져야 한다. 전적으로 다른 것에서는 차이를 말할 수가 없으며, 그러기에 차이가 없다고 말해도 좋을 것이다. 같기에 다를 수 있으며 다름 역시 같음 안에서 주어진다.

사유라는 말은 철학적으로는 독특한 의미를 지닌다. 이는 일반적으로 생각하는 과정을 넘어 의미를 생각하고 밝혀내는 해석학적 생각함을 뜻한다. 그래서 사유란 하이데거에서 존재의 역사적 주장, 또는 존재 부름에 역사적으로 말하는 응답이기도 하다. 사유는 역사적이다. 그렇지만 이렇게 철학적 사유를 역사와 연관시키는 것이 곧 철학이 역사학이나 역사과학에 근거해 있다는 뜻은 아니다. 철학은 결코 어떤 경우도 언어의 역사나 철학의 역사에 주어진 것을 해명하는 반성적 작업은 아니기 때문이다.[12]

오히려 존재 의미를 드러내는 사유는 이미 주어져 있는 앞선 이해와 그럼에도 여전히 완성되지 않은 의미 사이의 갈등에 놓여 있다. 이것을 하이데거는 "이미 벌써와 아직 아니" 사이에서 모든 것을 결단하는 존재 역사의 관계라고 설명한다. 존재 역사는 시간이 중첩되고, 이중으로 교차하는 지금 이곳에서 이루어지는 사건의 과정이다. 그 역사는 사물처럼 고정된 것이 아니라 사유에 의해 언제나 현재화하는 역사이다. 그 과정은 존재의 의미에 의해 인간이 자신의 존재 가능성을 이해하고 타자와의 관계가 변화하는 방식이기도 하다. 또한 그 의미에 따라 인간은 역사의 결단을 내리기도 한다. 역사의 결단은 존재 의미에 근거하여 이루어지기 때문이다.

철학이 자신의 고유한 특성에 따라서 자신의 역사를 현재화하는 과정이라면 그러한 철학은 해석학적 철학으로 규정될 것이다. 해석학의 작업은 현존재가 삶을 통해 자기이해를 역사적으로 형성해가는 방식이기도 하다. 역사의 현실에 근거하지 않은 철학은 공허하지만, 그것에만 매여 있을 때 그 철학은 의미를 지니지 못한다. 성찰과 해석을 통해 새롭게 변용되지 못하는 철학은 맹목적이지만, 그것이 역사의 현실을 도외시할 때는 공허하게 된다. 해석은 드러내면서 감추는 것, 감추면서 드러내는 존재의 은폐와 탈은폐의 긴장 관계를 이루어가는 과정이다. 역사성은 시간이 자신의 존재성에서 이해되는 것, "시간의 본래적인 때"에 이르는 것이다. 그러기에 존재는 현재에서만 이해되지 않고 그 역사성에서 이해된다.

그런 관점에서 하이데거는 존재 의미에 대한 질문을 존재와 시간에 대한 질문으로 새롭게 제기한다. 초기 하이데거의 철학이 현상학의 범위에서 이루어진다는 말은 그가 『존재와 시간』 서문에서 설명했듯이 현상학의 '방법'을 해석학으로 이해한다는 뜻이다. 그것은 또한 해석을 역사적으로 규정된 해석이라고 이해함으로써 현상학을 역사적 해석학으로 규정하는 설명이기도 하다. 그러기에 하이데거는 자신의 본래성을 상실한 현존재의 존재 방식을 "빠져 있음_{退落}"이라 표현한다. 현존재의 빠져 있음은 "시간 영역에서 자신의 것으로 수용한 시간성"인 역사성을 망각했기 때문에 일어난다. 이 말은 자신의 본래성을 상실하고 비본래성에 빠져 허덕이는 인간의 공허한 모습을 일컫는 그만의 표현이다.

5 존재해석학의 초월성

인간의 초월성

인간은 현실에 발을 딛고 있지만 언제나 그 현실을 넘어서 있다. 그는 과거를 새롭게 해석하기도 하고 미래를 앞서 기획하기도 한다. 그는 시간 안에 있지만 그럼에도 시간을 넘어서 있기도 하다. 인간 존재는 초월적이다. 이 초월은 초월적 의식 일반이 아니라 그때마다 자신의 것인 사실적 현존재의 초월이다. 인간은 역사와 세계에 던져진 존재이면서, 동시에 그 제한을 넘어 기획하는 존재이다. 『존재와 시간』에 따라 말하자면 이러한 현존재의 특성에서 유래하는 해석학은 초월적 특성을 지닌다. 그래서 해석학을 이해하기 위해 이런 특성을 분석하지 않을 수가 없다.

그것은 실존 분석에 따른 현존재의 해석학적 특성이기도 하며, 모든 철학적 물음이 발생하고 되돌아가는 곳이기도 하다. 현존재는 본래 이해하는 존재이기에, 인간이 행하는 모든 이해는 이 근원적 이해에 기초한다. 이 근원적 이해는 존재론적이며, 초월론적이다. 그럼에도 그것은 결코 칸트 식으로 경험에 앞서 있다는 선험성이 아니며, 중세철학에서 보듯이 외적인 어떤 초월적 실재를 향한 의식적, 존재적 초월도 아니다. 오히려 실존론적 이해에, 그때마다의 존재 이해의 이행에 기초한 철학이다.

존재론이란 존재자에 매여 있지 않는 것, 순전한 초월이자 존재로 넘어가는 과정이며, 존재자를 해명하되 존재자에만 국한되지 않고 오히려 존재자의 존재 의미를 통하여 이루어가는 과정이기에 초월적인 것이다. 그 초월의 해석학은 현존재의 해석학적 의식에 의한 것일 수 없다. 그럴 때 그것은 근대 주체철학의 변형에 지나지 않게 된다. 그에 따라 현존재는 본질에 의해서가 아니라 이미 벌써 실존existence의 존재로서, 존재의 밝음 안으로 들어서 있는 존재로 이해된다. 그에 따라 존재의 밝음 안으로 뛰어오르는 실존을 인간 본질로 이해하기에 초월적이라 말하는 것이다. 이것은 서구 2,500년 철학사를 관통하는 본질과 실존essentia-existentia 개념이 현대 철학의 문제의식에 따라 그 의미를 새롭게 개념화한 결과다.

이러한 의미의 실존과 진리의 본질은 스스로 자신을 내어놓는 것, 즉 존재자가 그 자체의 탈은폐성에로 자신을 내어-놓는 것이다. 이 말은 존재가 전체가 열려 있는 터전으로 옮겨가는 것이기에 하이데거는 이를 존재자 자체가 "비은폐성에로 고양되고 간직되는 순간"이라고 말한다. 이것은 실존과 진리 개념을 사물의 존재가 드러나는 순간으로 설명하는 말이다. 이렇게 드러나는 순간이 이해되고 개념적으로 파악될 때 비로소 그 시간은 역사가 된다. 하이데거가 말하는 역사는 이러한 의미에서의 역사다. 그러기에 실존으로서의 인간만이 역사적이며, 사물 존재자나 자연은 결코 역사적일 수 없다.[13]

그렇다면 자연사 박물관에서 말하는 역사는 무엇일까. 그때의 자연사는 사실로서의 시간의 흔적일 수는 있으나, 존재해석학에서 말하는 역사로서의 자연사는 아니다. 역사란 근본적으로 진리의 본질을 성취하고 이해하는 과정이다. 인간의 실존성은 바로 역사가 '전체 안에서의 존재자'의 탈은폐 안에 간직되어 있다. 비은폐라는 개념은 존재자를 드러내는 존재가 근원적으로는 감추어져 있다는 뜻이며, 그것이 인간의 해석학적 행위를 통해 드러나기에 탈은폐라는 용어를 사용한다. 존재 진리의 은폐와 탈은폐의 과정이 존재 역사이기에 진리는 결코 사실과 발언이 일치하는 정합성이나 명제의 사실에 근거하지 않는다. 오히려 그것은 진리와 비진리가 함께 속해 있는 것이며, 드러내면서 동시에 감추는 존재 역사에서 이해된다.

그래서 하이데거는 역사란 존재에 대한 물음의 행적으로서 사유의 길이며 스스로가 존재에 따라 변화되는 과정이라고 말한다. 우리의 해석학적 태도는 존재 진리에 실존적으로 참여하는 과정이며, 이는 결국 존재의 역사를 따라가는 길이기도 하다. 그래서 그는 존재 역사가 인간의 모든 조건과 상황을 떠받치며 규정한다고 말한다. 그것은 존재의 소리를 듣는 역사이며 존재 해석의 역사, 바꾸어 말해 존재의 역사를 사유하는 길이다. 존재의 소리를 듣는다는 말은 존재자가 인간의 사유를 통해 존재하게 되는 과정을 시적으로 표현한 말이다. 존재가 무슨 신처럼 인간에게 말을 건넨다는 의미로 알아듣는 것은 지나친 설명일 것이다.

해석의 초월성

해석학의 초월론적 특성을 나타내기 위해 하이데거는 탈존ekistence이라는 개념을 사용한다. 그는 있다는 것의 의미를 드러내는 행위를 인간의 본질로 이해하며 이러한 실존을 특히 탈존이라고 부른다. 탈존이란 해석의 행위가 근원적으로 사실의 범위를 넘어서고 벗어난다는 의미에서 실존이라는 말에 새로운 의미를 덧붙인 개념이다. 이에 따라 하이데거는 인간을 이성적 동물로 규정한 전통 철학은 오직 이러한 실존성, 즉 탈존 안에서만 가능하다고 말한다. 수없이 다양한 인간의 본질에 대한 규정은 탈존이라는 특성에 따를 때에 비로소 올바른 의미를 지니게 된다. 탈존은 존재의 진리 안으로 뛰어들어 서 있는 것이다. 그것은 인간이 진리의 역사적 운명 안에 있는 존재이며, 인간만이 탈존의 역사적 과정역운, Geschick에 관여하기 때문이다. 존재의 역사는 본질적으로 이렇게 사유하는 인간의 낱말 안에서 언어에 도달하며, 사유는 이러한 과정을 회상함으로써 역사를 통해 드러나게 된다. 탈존이란 실존의 역사적인 설명이며, 현존재의 역사성을 경험하는 과정이다. 그래서 그는 「휴머니즘에 대한 편지」에서 존재는 "사유의 역사적 운명으로 존재"한다고 말한다. 이 역사적 과정은 인간의 초월성 때문에 가능하다.

인간은 어떤 경우도 존재자의 층위에 머물러 있지 않고 그것의 "있음"에로 초월해간다. 인간은 존재론적이기에 그의 존재는 단적으로 초월이다. 존재자에 머물러 있는 인간은 존재론적으로 존재하지 못한다. 인간은 존재자에서 존재로 초월해간다. 존재론적 존재인 우리는 그에 대한 근본적인 이해와 결단을 바탕으로 사유의 씨름을 전개해간다. 그 사유의 씨름은 인간의 초월적 조건에서 가능해지는 것이다. 철학은 이렇게 이해하고 결단하면서 존재의 의미에 관계하는 사유의 경건함이다. 사유한다는 행위에 대한 엄숙함과 경건함을 지닐 때 인간은 인간다운 존재로 있을 수 있다.

존재론적 해석의 수행은 존재 의미에 대한 결단에서 이루어지지만, 그 결단 역시 해석학적 작업에 의해 거듭 새롭게 형성된다. 우리가 지닌 근원적 존재 이해에서 해석이 가능해지지만, 그 존재 이해 역시 우리의 역사적, 초월적 의미의 현재화에 따라 이루어진다. 여기에 존재론의 내재화된 초월성의 특성이 자리한다. 인간은 존재론적으로 초월하는 존재이지만, 그것은 선험적 세계를 향한 것이 아니라 자신의 존재 의미로 초월하는 것이다. 그러기에 그것을 내재적 초월이라 말한다. 현대 철학에서 해석학이 지니는 철학적 공적이라면 의미의 선험적 지평을 제거하거나, 또는 외적 준거점 없이 이해를 가능하게 했다는 데 있다.

인간이라는 현존재는 자신의 유한성과 한계를 초월하는 존재 양식 전체에 걸친 이해를 지닌다. 여기에 존재론적 해석의 초월적 특성이 자리한다. 초월이란 존재자를 향해 넘어서는 것이 아니라, 넘어섬 그 자체다. 초월이 향하는 것은 초월자로 설정된 어떤 최고의 존재자가 아니다. 초월은 도달해야 할 목표를 지니지 않는다. 인간 현존재의 고유한 본질로서의 초월은 그러한 의미에서 초월자를 향해가는 것이 아니다. 오히려 그것은 존재자를 벗어나 존재 의미를 이해하고, 존재를 보게 만드는 넘어섬을 말한다. 초월은 현존재의 자기 자신, 즉 자기성自己性에 바탕을 둔

존재해석학

다. 현존재가 초월하는 것은 세계로 명명된 존재이다. 그것은 경험을 넘어서는 선험성도 아니며, 존재자를 넘어 최고의 존재자로 향해가는 목적론적 움직임도 아니다. 그래서 하이데거는 현존재의 초월은 존재자의 총체성으로서의 세계가 아닌 존재로서의 세계 안으로 넘어감이라 말한다. 이럴 때 세계 이해를 위한 현존재의 이해는 그에 대한 해석으로 나타난다. 이때 "해석은 초월 그 자체의 해명에 기여"하는 것이다.[14]

그럼에도 존재론적 의미의 결단은 본질주의적 관점에서 볼 때는 공허하게 드러날 수 있음이 사실이다. 인간의 존재 결단 외에 다른 어떤 이해의 범주가 따로 존재하는 것은 아니다. 그런데 해석학적 순환을 가능하게 하는 존재 의미는 과연 무엇인가. 존재자의 존재는 어떤 의미를 지니는 것일까. 이 질문에 하이데거는 존재 드러남이란 최대한 내맡김Gelassenheit의 층위에서 이해할 수 있다고 말한다. 하이데거에서 존재의 실현은 궁극적으로 존재를 존재하도록 하는 사유, 그 존재 역운에 순응하는 내맡김의 영역에서야 가능하기 때문이다. 존재 의미는 인간이 자의적으로 결정하는 것이 아니라, 있다는 사실을 그 자체로 이해할 수 있을 뿐이다. 그래서 하이데거는 이해를 존재 드러남에 내맡기는 행위라고 말하는 것이다. 내맡김, 존재에 순응함은 무엇을 말하는 것일까. 사실 그 내용은 존재자적 관점에서 이해한다면 공허할 뿐이다. 그 내용은 어디에서도 주어져 있지 않기 때문이다. 존재 의미는 결코 객체적이거나 존재자적 관점에서 이해할 수 있는 영역에 자리하지 않는다. 그 내맡김의 공허함으로 나아가는 것이 존재 의미의 결단이 아닌가.

이때의 철학은 역사적으로 의식되고, 실존적으로 재현된다.[15] 이때 해석은 현존재의 존재 가능성이 실현되는 방식 가운데 하나다. 그것이 실존적 이해로 드러난다. 해석학적 이해에는 현존재의 자기이해와 그에 근거한 타자이해가 포함된다. 그 해석학적 이해는 현존재의 존재론적 참여를 필요로 한다. 나의 존재가 해석하는 행위에 관계되지 않으면 올바른 이해가 불가능하기 때문이다. 그럼에도 분명히 해두어야 할 것은 해석이 주관적이라거나 해석에 따라 이해가 결정된다는 말은 아니다. 이미 이해된 세계가 해석 과정을 통해 그렇게 드러나게 된다. 해석은 실존적으로 이해에 근거하지만, 해석에 따라 이해가 자의적으로 달라지는 것은 아니다.

인식 너머의 해석

학문의 근거를 정립하는 체계가 우선적으로 존재론적 구상에 의해 기초지워진다는 것이 존재론적 해석학의 근본 입장이다. 그러기에 철학은 보편성을 지니면서도, 구체적인 철학의 역사성에

존재해석학

자리하게 된다. 철학은 자신이 선 자리가 어디인지 이해하고 해석해야 한다. 그러기에 이에 대한 질문이 철학을 규정하고 있으며, 철학의 흐름은 이러한 이해의 역사라 말할 수 있다. 그럼에도 철학의 역사 안에서 철학이라는 말은 그 고유한 학문의 지형 안으로 갇혀버렸다. 철학은 인간의 앎 일반에 관계하고, 세계 이해에 관계되는 보편 학문을 넘어 구체적인 철학적 주제, 또는 역사적인 좁은 자리에 한정됨으로써 세계에 관한 앎, 역사와 인간에 대한 이해 체계, 세계와 타자와 맺는 관계맺음의 양상이라는 철학 본연의 과제를 상실하게 되었다.

사물 존재자에 대한 근대 철학의 인식론적 접근, 주관-객관 도식에서의 이해 체계는 결국 사물을 억압하고, 그에 따라 인간 존재의 소외와 왜곡을 초래했다. 현대 문명의 모습이 그런 사실을 명백히 보여주고 있다. 그런 까닭에 사물 존재자에 대한 새로운 이해 체계는 다가올 사유를 위해서도 중요한 계기로 작용할 것이다.[16] 하이데거는 여기서 사물은 단순히 인식의 객체이거나 소유의 대상이 아니라고 말한다. 그것은 다만 근대 철학이 사물을 규정하는 방식이다. 맑스K. Marx의 통찰처럼 자본주의는 사물을 상품으로 만들어 자본의 대상으로 환원시킨다. 과학기술은 사물을 인식 대상이거나 기술적 조작의 대상으로 생각한다.

철학이 사물과 맺는 관계맺음의 양상이 단순히 사물을 객체적 대상으로 설정하여 그에 대한 특정한 방법론에 입각한 지식 체계로 변화된 것이 근대의 과학이다. 이 모두는 근대의 객체주의적 철학이 낳은 결과다. 그에 따라 우리가 전통적으로 인간과의 관계맺음에 의해 사물을 이해해온 방식은 사라지게 되었다. 객체주의적 철학은 사물에만 적용되는 것이 아니라 인간이 자신이외의 타자를 설정하는 방법이기도 하다. 그에 따라 인간 이외의 모든 사물은 철저히 그 존재론적 의미를 상실하고 소외되기에 이른다. 아니 어쩌면 인간에 대해서도 이런 도식이 적용되는지도 모른다. 여기에 현대 사회의 인간 소외가 자리하고 있다.

그에 비해 동아시아 전통은 물론物論을 통해 사물을 인간과 관계맺는 방식에 따라 이해해왔다. 그러한 전통이 근대 이후 서구의 철학을 수용하면서 자취를 감추게 되었다. 근대 이후 자연과학이 발전하면서 사물과 자연은 다만 인간의 인식 대상이거나 사용하는 대상으로 자리할 뿐이다. 그래서 우리는 자연과 사물이 우리에게 주는 의미에 대해서는 무감각하기에 이르렀다. 우리는 살아 있는 자연은 그저 침묵하는 것, 죽은 것처럼 바라볼 뿐이다. 자연이 우리에게 말을 건다는 생각은 다만 시적, 예술적 상상 속에서나 찾아볼 수 있는 일이다. 그러나 이런 태도가 일반적인 것은 결코 아니었다. 그러기에 사물과 자연을 대하는 태도에 따라 학문의 체계 역시 달라질 수밖에 없음은 자명하다. 일반화된 자연과학적 태도를 넘어서는 데 존재론적 해석학이 자리하며, 이를 통해 우리는 학문과 지식에 대한 새로운 이해를 가질 수 있을 것이다.

6

존재해석학의
철학사적 의미

존재해석학은 근대의 인식론과 관념론을 넘어 존재론에 대한
이해를 바탕으로 철학을 새롭게 규정하고자 한다. 그것은 존재
자의 존재 의미에 근거하여 철학을 존재해석학으로 규정한 뒤,
그에 따라 현대의 생활세계를 해석하려는 노력을 담고 있다. 이
해석학은 근대 철학의 자장을 넘어 철학의 작업은 인간의 존재
이해에 근거하여 수행되는 것이라고 말한다. 나아가 인간이 펼
쳐가는 지성 작업의 기초적인 형태가 해석학이라고 주장한다.

이러한 철학적 작업은 명백히 2,500년에 걸친 서구 본질철학
의 전통과 범주를 벗어나 있을 뿐 아니라, 근대 철학 이래의 일
반적 흐름과도 상반되는 것이다. 그러기에 그 철학은 일차적으
로 근대의 인식론적 철학과 그 이성 이해, 도구적 이성의 한계를

넘어선다. 존재해석학은 하이데거의 기초존재론과 해석학적 현상학에 기반하여, 가다머의 역사해석학을 넘어 해체주의 철학으로 확산된 근대성 극복의 해석학으로 이해된다. 그 대표적인 경우가 이탈리아 철학자 바티모G. Vattimo의 해석학일 것이다. 이제 필요한 것은 이러한 중요성에도 불구하고 아직 그 내용과 의미가 올바르게 규명되지 못한 존재론적 해석학의 역사적 맥락과 의미로 나아가는 길을 밝히는 작업임에 틀림없다. 그는 서구 철학의 이성 중심적 사유의 한계를 비판하면서 자신의 철학을 약한 사유의 해석학으로 이해한다. 이는 이성 중심의 사유가 모든 것을 동일시하는 강함을 지녔다면, 그의 철학은 존재자의 차이를 드러내는 약한 사유에 따른 해석학이라는 의미를 담고 있다. 이성적 사고와 그에 따른 서구의 학문이 강한 사유의 결과라면, 존재론적 차이와 심미적 사유를 수용하는 해석학은 약한 사유의 해석학으로 규정할 수 있다. 그의 해석은 이런 작업으로 이어진다.[17]

존재해석학을 위해서는 우선적으로 그 토대가 되는 실존적 역사성은 물론, 그 작업의 준거가 되는 존재 의미를 해명하는 기초적인 과제가 해결되어야 한다. 앞에서 보았듯이 하이데거의 기초존재론은 이를 위한 앞선 작업으로 의미를 지닌다. 그것은 있는 사물이 아니라 있다는 사실존재의 의미에 대해 논의하기 위한 기초를 닦는다는 의미에서 시도되었다. 또한 이는 존재 의미에 대한 이해라는 과제를 해명함으로써, 해석학 근거로 설정되는 존재론적 기초 작업을 의미한다. 해석학을 위한 기초존재론이 해석하는 인간 현존에 대한 실존 분석론에서 시작된다면, 그것은 당연히 인간이 지닌 조건을 떠나서는 불가능하다. 그 조건성 가운데 가장 중요한 것은 인간의 역사적 상황에 자리한다. 그래서 해석학은 역사철학적이기도 하다는 점은 익히 강조한 바와 같다. 역사성을 해명하는 철학은 인간이 시간에 매인 존재라는 사실에서 비롯된다. 달리 말하자면 이것은 인간 현존재를 구성하는 특성인 시간성에서 이해되는 역사적 실존 양식을 의미한다. 이해의 앞선 구조로 규정되는 것, 현존재의 존재 구조에 의해 그 존재 의미에 선행적으로 참여해야 하는 철학은 해석학적 철학으로 방향지어진다. 그러기에 존재 일반의 의미 역시 역사성을 해명하는 가운데 규명될 것이다.

존재론적 해석학은 인식론적 철학, 인식 이성과 도구적 이성의 한계에 머문 근대성의 철학 범주를 넘어선다. 그것은 합리성의 근거로 이해된 이성의 본성, 전통적 이성 이해에 의해 가려진 이성의 다른 부분the others of reason에 대해 주목한다. 이에 비해 다른 이성the another reason을 말하는 해체주의적 철학은 이성의 죽음이나 이성의 해체 담론을 제기한다. 그러나 존재해석학은 인식론적이며 도구적 이성 이해에 의해 가려진 이성의 다른 부분을 드러내려는 고뇌를 담고 있다. 역사철학적 관점에서 이해된 존재론적 해석학은 근대까지 이어져온 서구 2,500년의 이성의 역사를 새롭게 정립하고 감내함으로써 초월적으로 극복하려 노력한다. 이 철학은 탈근대의 철학으로 주목되고 있음에도 아직은 그 내용과 의미가 결정되어 있지 않은 미완성의 기획에 머물러 있다.

그럼에도 해석학은 하이데거의 존재론을 재조명함으로써 개별 영역에 대한 해석학으로 나아간다. 그와 함께 오늘날 거론되는 철학의 종말 담론이나 다가올 사유에 대한 논의는 전통 철학에 대한 비판과 함께 새로운 사유를 담아낼 철학적 사유를 갈망한다. 이른바 "다가오는 신"에 대한 담론 역시 이런 맥락에서 이해된다. 그것은 존재론적 해석학이 철학의 자기이해라는 측면을 넘어, 이러한 철학적 노력의 해석학적 지평으로까지 작동한다는 의미이다. 이제 존재해석학에 대한 논의는 두 방향에서 주어질 것이다. 먼저 존재 이해의 의미를 밝히는 작업과 이에 근거해서 나타나는 해석학의 내용과 원리를 정립하는 작업이 그것이다. 전자가 기초존재론에서 가능하다면, 후자는 역사성과 초월성의 관점에서 근거지을 수 있다.

5

존재해석학의 영향사

1 영향사와 지평융합

존재해석학은 전통 형이상학과 대결한다는 문제의식에서 비롯되었다. 전통 형이상학은 존재의 의미를 밝히는 대신 최고의 존재자를 존재로 대신했다는 비판에서 자유롭지 못하다. 존재해석학이 이 빈틈에 자리했다면, 이후의 해석학은 그 작업을 철학 전반으로 확대한다. 이 해석학은 전통적으로 철학이 해명하고자 했던 모든 문제 영역으로 확장되어 그 계보사적이며 철학적인 영향을 펼쳐가게 된다. 그래서 여기서는 존재해석학의 영향사 Wirkungsgeschichte가 관건이 된다. 이런 경향에서 무엇보다 중요한 사람이라면 하이데거의 해석학을 바탕으로 서구 철학의 전통을 새롭게 해명하려 했던 독일 철학자 가다머다. 그의 사유는 무엇보다 먼저 해석하는 우리의 의식이 작용사적으로 규정되어 있다는

존재해석학의 영향사

전제에서 출발한다.[1] 그것은 해석학적 상황을 의식하는 것이며, 이해하는 자와 이해할 전승에 주목하여 해석하는 행위를 철학적으로 영향을 미치는 범위로 확대한다.

　해석학적 작업을 위해서는 텍스트와 전승, 철학사적 전통을 진지하게 수용해야 한다. 이제 역사적 사실성에서 비롯하는 영향사적 인식이 중요하게 부각된다. 영향사란 가다머에 의하면 이해 자체 안에 주어져 있는 역사의 실재성을 말한다. 예를 들어 텍스트를 이해하는 우리의 이해 과정은 역사 안에서 동일한 근원에서 규정된다. 그것은 텍스트 자체의 역사성을 뛰어넘는 이해의 역사성에 따라 형성된다. 이러한 이해의 역사가 이해하는 현존재의 의식을 규정하는 것이 영향사적 의식이다. 즉 해석학적 상황이 이미 영향사적인 것이다. 이해의 전체 지평은 인간 존재의 조건 지어진 유한성과 역사성 안에서 움직이며 결코 파편화되어 개별적으로 주어지는 것이 아니다.

　해석학적 앞선 판단은 그 판단을 넘어서는 인간 존재의 역사적인 사실과 관련된다. 그것은 역사적 해석학이다. 역사적 존재의 해석에 따라 그때마다 인간 이해가 달라진다. "역사가 우리에게 속한 것이 아니라 우리가 역사에 속해 있다." 인간이 역사를 규정하기에 앞서 역사로부터 인간성이 규정되어야 하는 것이다. 역사적 해석학의 중심 과제를 가다머는 앞선 판단의 정당성이 지니는 근거를 찾는 것으로 규정한다. 이러한 과제는 전통과 역사, 역사와 역사에 대한 지식들 사이의 추상적인 대립을 해소하는 데서 이루어진다. 그것은 전통과 현재의 역사성이 이루는 상호작용과 통일에서 주어질 것이다. 이러한 상호작용이 역사적 해석학의 근거이며 그 과정이기도 하다. 가다머의 영향사적 원리는 사실적 역사를 넘어 역사를 해석하는 역사학적 작용에 따른 것이다. 그래서 그 작용을 코레트E. Coreth는 "역사 내에서 영향을 미치고, 그 속에서 해석되면서 역사적 전승 속으로 들어"가는 것이라고 설명한다. 해석학은 이해의 과정에서 역사의 현실성을 벗어나 있지 않다. 이렇게 요구된 것이 가다머의 영향사에 담긴 의미이기에 그는 영향사를 전승과 역사의 상호영향, 상호작용에서 비롯되는 것으로 이해한다. 이해는 자신의 본질에 따라서 하나의 영향사적 과정으로 규정된다.

현재라는 지평은 과거 없이 형성되지 못하지만, 동시에 과거의 의미지평에 대한 해석의 토대로 작용하기도 한다. 해석학을 위한 역사지평과 현재지평은 그 자체로 폐쇄적이지 않다. 이러한 영향사적, 해석학적 상황을 그는 해석학적 지평이라 이름한다. 이해는 언제나 소위 대자적으로 있는 그런 지평이 상호작용하는 융합의 과정을 따른다. 가다머에 따르면 이해는 "서로 무관하게 존재하는 것처럼 보이는 상이한 지평들이 상호융합하는 과

존재해석학의 영향사

정"이다. 이처럼 서로의 타당성을 부각시켜주는 여러 다른 지평들이 존재하며 이들이 상호작용함으로써 이해가 성립되기에 이것을 가다머는 지평융합이라 부른다.[2] 지평융합은 해석학적 지평이 상호작용하면서 해석이 이루어지는 통합적 과정을 해명하는 개념이다.

모든 역사적 해석학은 객관적 생성과 그에 대한 성찰적 지식 사이의 추상적 모순을 해소한다. 이해 과정을 영향사와 지평융합으로 설명하는 까닭은 그것이 "과거와 현재가 끊임없이 매개되는 이행의 과정에로 진입하는 것"이기 때문이다. 그것은 과거와 현재의 해석학적 상호매개를 통해 현재화한다. 전승에 대한 경험과 이해는 물론, 전승의 역사도 직접적이거나 간접적이라기보다는 매개적으로 의미를 지닌다. 영향사적 과정은 한 텍스트의 작용 또는 역사 안에서 한 사건이 미치는 작용에 따른 것이다. 전승은 이해하는 매 순간마다 함께 작용하며, 그 역사에 우리가 파악할 수 있는 것 이상으로 영향을 미친다. 해석은 매개 작용을 기본적인 구조로 삼기에 그것은 "인간과 세계 사이에서 결코 완결에 이를 수 없는 매개를 수행"한다.[3] 이렇게 이루어지는 해석학적 생성은 의미의 근거를 체험함으로써 이루어지는 의미의 생성이기도 하다.

세계는 매개를 통해 인간과 관계한다. 그러기에 세계 이해로서의 철학은 헤겔이 말하는 매개된 직접성을 통해 철학한다는 의미이다. 언어의 자기매개성, 진리와 역사의 매개를 말하는 가다머는 영향사 논의에서 명백히 헤겔 철학의 입장을 지지한다. 이렇게 진리와 역사가 매개될 때 인간은 인간을 존재론적 존재로 서게 한다. 그러기에 철학은 "근원적 수행"이며, 인간 의미의 원초적 현상이다. 존재란 가다머에 의하면 현재와 과거를 매개하는 시간성이다. 이해의 지평은 이처럼 시간적이다. 수많은 이해의 지평이 현재라는 시간에서 매개되어 드러날 때 현재는 이해의 과정이 이루어지는 해석의 터전이 된다. 지평융합의 관점에서 볼 때 해석의 터전으로서 현재는 모든 지평들이 융합되는 터전이 된다. 그래서 그 현재는 결코 사물적이지 않다.

현재라는 지평은 시간의 흐름 안에 있는 어느 한 단편으로서의 지금이 아니다. 현재라는 시간지평은 거듭 과거와 미래에 열린 현재다. 이러한 역사의 영향에 열려진 터전이 바로 해석학적 지평으로서의 현재다. 지평융합은 언어로 드러나며, 역사성과 함께 올바르게 이해된다. 그러기에 가다머는 해석학의 과제를 지평융합하는 과정, 과거와 현재의 상호작용, 현재의 지평과 구별되는 역사적 지평의 기획투사에서 찾고 있다. 역사적 지평의 기획투사는 언제나 현재의 이해지평에 의해 충전될 수밖에 없다. 그는 이러한 지평융합의 과정에서 반드시 필요한 것이 이해의 해석 과정에서 작용하는 적용application의 문제라고 밝히고 있다. 적용은 해석하는 철학자들의 사유 행위가 개입함으로써 가능해진다.

가다머에 따르면 이해 자체가 곧 해석이다. 해석은 이해의 명시적 형태이다. 해석학적 철학이 수행하는 해석의 작업은 명시적이며 주제적이다. 일반인들이 그들 존재로 보편적이며 인간 본성에 상응하는 철학적 작업을 한다면 존재론적 철학을 수행하는 해석학은 분명 주제적인 철학을 전개한다. 그러기에 우리는 존재적 행위와 달리 존재론적 해석학을 말하는 것이다. 단 하나의 단어 "논論"이 말하고자 하는 바는 여기에 있다. 존재론은 존재의 의미를 성찰하는 철학적 행위를 일컫는 말이다. 해석학은 본질적으로 존재적이면서 존재론적이다. 비주제적 이해가 존재적이라면, 주제적이며 명시적 이해는 존재론적이다.

이러한 해석학의 근본 경험은 예술과 역사의 경험, 언어적 표현으로 드러난다. 그러기에 이 해석학은 예술과 역사, 언어의 해석학이며, 그에 이르러서야 완성에 이른다고 가다머는 생각한다. 이런 특성을 지닌 해석학은 변증법적 해석이다. 텍스트는 언제나 해석학적 차원에서 이해되며, 완결되어 있지 않다. 텍스트는 완결된 대상이 아니라 이해 과정에 놓여 있는 하나의 단계이다. 해석학은 늘 과정에 있다. 그것은 작품이 아니라 작품을 향한

길이며, 완성이 아니라 과정 중에 있는 것이다. 해석하는 인간의 존재는 길 위에 있는 존재다. 우리는 언제나 명시적이든 비명시적이든 이해하고 있으며, 그 명시적 형태인 해석을 통해 존재하게 된다. 그래서 가다머는 "역사적 실존은 인간 유한성의 경험"이라고 말한다. 그에 따르면 인간의 이해는 결코 체계화되어 완성되는 것이 아니라 언제나 이행의 과정에 있다.

존재해석학의 영향사

2

역사성의 철학

가다머는 역사주의historism를 거부한다. 역사주의는 역사적 의식 자체의 존립 바탕이 되는 영향사적 얽힘을 은폐하기 때문이다. 역사주의는 과거를 단순히 재현하는 데 그칠 뿐 역사주의는 해석학적 성찰을 거쳐 역사를 바라보지는 못 한다. 그들은 다만 전통을 역사적 특수성에 따라 현재와 분리된 채로 그 시대의 객관적 인식으로만 받아들일 뿐이다. 역사주의의 주장처럼 가다머 역시 인간은 전통의 영향에 의해 형성된 존재이며 현재가 전통의 결과임을 받아들인다. 그럼에도 역사는 현재의 해석과 성찰을 통해 끊임없이 현존재의 이해와 상호작용하는 가운데 영향을 주고받는다. 전통은 살아 있는 현재로서 우리 존재의 해석에 영향을 미치고 있다. 이러한 역사의 상호 영향성을 수용하는 것은 그에 대한 해석학적 상황을 받아들이는 것이다. 그것은 이해가 자신을 수행해가는 하나의 계기이기도 하다. 그래서 해석학적 상황은 우리가 이해해야 할 전승 과정과 함께 그와 직면하는 우리가 처한 상황을 의미한다. 영향사적 반성은 결코 역사에서 완결되지 않으며, 우리 자신의 존재가 역사적 본질에서 기인한다는 사실을 드러낸다. 역사적 존재의 본질은 역사적 지식에 갇혀 있는 것이 아니다.

역사적 존재는 자신이 관여하지 않는 객관적 역사를 거부하며, 완결된 역사를 말하지도 않는다. 이러한 역사적 지평이 해석학을 수행하는 상황이기에, 이해를 수행하는 과제는 각기의 역사적 지평을 획득하는 작업이기도 하다. 전승을 이해한다는 말은 역사적 지평을 재구성한다는 뜻이다. 그러기에 존재해석학의 역사적 의식은 자신의 현재와 함께, 역사적 타자와 마찬가지로 자신을 이러한 지평에서 바라본다. 현재는 결코 역사적 사실 없이는 형성되지 않는다. 그 역사적 사실에는 우리들 자신이 유래하는 전승의 이해까지도 포함된다. 그래서 가다머는 헤겔의 역사철학적 관점을 수용하면서 이해 행위는 주어져 있는 지평들을 융합하는 과정으로 이루어지기에, 가다머는 헤겔의 역사철학적 관점을 수용하여 이것을 매개 개념으로 설명한다. 역사해석학 안에서 인간은 역사적인 의식을 전승과의 만남을 통해 상호작용하는 관계로 경험한다. 그 관계는 충돌하고 융합하며 갈등하는 과정이다.

이처럼 분명하게 역사성의 철학은 역사주의와 구별된다. 역사주의는 역사적인 현상들이 자신의 가치와 척도를 자기 자신 안에 가지며, 어떤 초시대적인 규범으로도 측정되어서는 안 된다고 말한다. 역사주의는 단 하나의 역사적 상태를 절대화하지만 해석학은 역사의 다양한 모습을 보여주고자 한다. 역사주의는 결코 역사성의 문제를 제기하거나 이해하지 못한다. 그들은 역사의 역사성 자체를 인식하지 못하므로, 오히려 역사의식을 결여하고 있다. 역사성을 해명함으로써 이를 인간의 전체적 삶에서 어떻게 위치시키느냐에 따라 역사는 다른 방식으로 전개된다. 즉, 역사적 사실을 넘어 역사성을 해명하는 데서 철학은 인간의 역사적 자리를 결정하게 된다. 그 자리는 역사적으로 형성되었으면서 또한 끊임없이 역사에 의미를 부여하는 터전이기도 하다.

따라서 현재를 넘어 역사적 지평을 기획하는 것은 역사해석학의 중요한 과제이다. 이런 기획은 이해의 자기실현에서 생겨나는 하나의 과정을 의미한다. 지평의 상호 작용과 융합은 매개되고 통합되며, 현재와 전승이 상호 관계하면서 역사성의 지평을 형성한다. 이해를 위해서는 역사적 지평기획과 이해의 단계, 지평융합이 요구된다. 이러한 의미에서의 이해는 언제나 해석이며, 해석이란 이해가 드러나는 형식이라고 가다머는 말한다. 이해 그 자체가 하나의 역사적 사건이기에 이 해석학은 역사적 해석학으로 정립된다. 그것은 "역사적인 변천에 따라서 스스로 계속 움직여가면서 이해"하는 학문이다. 가다머는 이것을 인간의 정신이 수행하는 학문적 방식으로 이해한다. 정신학문의 수행에 따른 역사적 해석학은 "이해의 역사적인 유동성을 역사적 의식에 알맞은 해석학적 문제 설정의 중심 문제로 삼는" 과제를 지닌다.

하이데거의 철학을 수용하여 해석학을 전개한 가다머에게 해석학이란 "언어나 상징적 체계 속에 역사적으로 형성된 것을 뒤쫓아 이해하는 것"이 아니다. 그것은 다만 객체적 시간에 따른 이해일 뿐이다. 이에 비해 그가 수행하는 해석은 존재 역사에 따른 영향사적 작업이다. 그것은 스스로 자신을 이해하는 가운데 타자와 사태를 이해하려는 모색이며, 나아가 존재하는 사물이 무엇이고 그것의 진리는 무엇인가에 대해 묻는 과정이기도 하다. 이렇게 묻는 해석학은 사유의 영향사로 나타난다. 해석학의 특징인 영향사는 일차적으로 해석학의 원리에 따른 것이지만, 근본적으로는 존재 이해의 과정에 담긴 역사적 관계성에 따른 것이다. 여기서도 그의 해석학에 깃든 하이데거 철학의 영향을 엿볼 수 있다. 그것은 단순한 논리적 순환이나, 변증법적 순환과 달리 이해의 역사적 형성 과정과 관련된다.

이해의 구조는 현존재의 역사성에서 유래한다. 따라서 가다머가 말하는 이해의 지평융합은 해석학적 순환에 따라 하나의 해석적 사건 속에서 여러 시간과 역사적 시대의 다양한 이해의 지평이 융합되어 나타난 것이다. 그것은 이러한 지평융합에 참여하는 사람들이 역사적으로 스스로를 구성하는 철학적 작업을 통해서 바로 그 '사태'에 관계하는 과정이다. 이러한 이해의 구조는 보다 더 근원적으로 존재 의미의 역사적 해석 과정에 따른다. 이런 관점에서 딜타이의 역사적 삶의 경험에 근거한 해석학과 달리 존재 이해와 존재 역운에 근거한 존재론은 역사철학적 관점에서 보는 해석학으로 규정된다. 존재 역운에 근거한 해석학이란 단순히 역사적 사실을 추적하면서 이루어지는 것이 아니라, 존재 이해가 드러나는 숙명적인 역사적 과정에 따라 시간이 상호작용하는 가운데 이루어지는 해석학을 의미한다. 이것이 기초존재론에서 시작하여 후기에 이르는 하이데거의 철학은 물론, 그를 이어받은 가다머의 역사성의 철학에 따른 해석학에서 잘 드러난다.

3

학문적 확장

하이데거는 후기에 이르러 해석학이라는 명칭이나 표현을 명시적으로 사용하지 않는다. 그러나 이것이 존재론적 해석학 자체나, 이 명칭이 지시하는 사태를 포기했다는 뜻은 아니다. 표현의 부재가 곧 사유의 포기를 의미하지는 않는다. 오히려 이것은 해석학적 철학이라는 이름으로 시도했던 새로운 철학의 정립 내지 철학의 변형이라는 과제를 올바르게 수행하려 했기 때문에 생겨난 현상이다. 그는 존재론적 해석학의 사유를 확장하여 근대성 비판과 극복을 위한 사유 계기로 예술과 언어에의 사유에, 형이상학 극복과 새로운 사유를 위한 지평으로 이어간다. 따라서 이 철학은 근대의 인식론과 관념론을 넘어 존재론에 따른 이해를 규정하는 작업, 근대 철학의 이성 이해를 전환시키며 서구 본질철학의 전통과 범주를 넘어 삶의 해석학으로 이어진다.

하이데거의 후기 철학을 연구하는 많은 철학자들이 1930년대 이후의 하이데거 철학, 특히 그의 예술철학은 개인적 예술 경험이 아니라 구체적으로 해석학적 철학의 근본적인 물음에 의해 촉발되었다고 생각한다. 예술 작품이 표출하는 의미와 예술을 통해 진리가 드러나는 현상을 이해하는 것은 근본적으로 존재론적 해석학에서야 가능하다는 말이다. 그래서 『존재와 시간』 이후의 하이데거 철학은 해석학적 발상을 의미 있게 구체화하는 과정이었다고 말해도 좋을 것이다. 그것은 현존재의 존재 방식에서가 아니라 존재가 스스로를 밝히는 방식을 설명하는 길이며, 감추어짐을 밝히는 탈은폐성에 따라 진리를 이해하는 방식이다. 은폐와 비은폐, 탈은폐라는 말은 사물과 사건, 자연과 세계의 모든 현상이 감추어진 데서 드러남으로 이해되는 과정을 표현한 것이다. 해석학의 철학은 이처럼 감추어진 의미를 밝혀냄으로써 사물 존재자가 인간에게 드러나게 만드는 과정이다.

텍스트는 의미를 드러내지만, 그 순간 드러나지 않는 의미는 그만큼 감춰지게 된다. 드러낸 것과 감추어진 것은 진리사건에 함께 속한다. 그러기에 해석은 드러내면서 감추는 역사적인 과정이라고 말해야 할 것이다. 드러내면서 감추는 해석의 과정은 한편으로 해체하면서 새롭게 설립하는 과정이다. 해석의 과정은 해체하면서 재구성하는 과정이며, 역사를 통해 새롭게 이해해가는 과정이다. 이런 관점에 따라 현대 철학에서 보듯이 해석학과 해체주의가 만나는 맥락이 성립되며, 또한 그 안에 담긴 이해의 차이 때문에 이들은 서로 대결을 펼치면서 언어분석철학의 한계를 넘어서는 존재론적 해석학의 새로운 터전을 열어가게 된다. 그것은 존재론적 해석학을 위한 파괴해체는 존재를 시간의 빛 속에서 해석하는 작업이라고 말하는 하이데거의 맥락에 따른 것이기도 하다.

기초존재론을 위한 파괴해체의 작업에서 비롯된 해석학의 시간성은 실존성의 철학에서는 역사성으로 드러난다. 기초존재론은 존재 이해를 위한 존재 의미를 질문하기에 존재자의 존재를 넘어 존재자체의 존재에 대한 사유의 기초를 지향하는 데로 나아간다. 그것은 존재 의미에 대한 이해라는 과제가 해명되어, 학적 근거로 개념 파악이 되어야 하는 존재론적 기초 작업이다. 현존재의 실존론적 분석론을 통한 기초존재론이 시간성에서 이루어지는 까닭은 실존이 "현사실적이라고 불리는 삶이 그의 존재 안에서 시간화하는 하나의 가능성"[4]으로 규정되기 때문이다. 하이데거는 해석학적 철학이라는 명칭에 의해 그의 존재론이 해석학적 의식에 국한되거나 실존철학적으로 받아들여지는 오해를 피하고자 했다. 그렇지 않을 때 해석학적 철학은 근대적 주관주

존재해석학의 영향사

의 철학의 변형 정도로 오해될 소지가 생겨날 것이기 때문이다. 해석학적 철학은 결코 의식철학의 다른 유형 가운데 하나가 아니다. 오히려 해석학은 존재 이해의 역사라는 맥락에 자리하고 있다.

시간성의 빛 속에서 드러나는 존재의 시간은 현재로 규정된다. 해석학적 철학의 사유 작업이 이루어지는 현재는 해석을 수행하는 인간이 자리한 바로 그 시간과 그 장소를 의미한다. 그러기에 인간은 현존재로서 오직 "지금 있음의 방식"에 따라 행위한다. 현존재에 의해 수행되는 해석학은 자신이 자리한 존재적 지평을 떠나 이루어지지 않는다. 해석학적 철학은 이러한 존재론적 지평에 대한 사유에서 이루어지며, 그 지평의 확실성에 따라 그렇게 확장된다. 역사성으로 드러나는 해석학의 시간은 닫힌 과거에 대한 어떤 설명이 아니다. 그것은 존재 드러남의 시간이 현존재에게는 역사적 현재의 사실이기 때문이다. 현사실적 역사는 단순히 과거의 경험지평을 역사학적으로 규정하는 과정이거나, 사실 기록으로서의 역사가 아니다. 오히려 그것은 시간의 지평에서 드러나는 존재 의미에 대한 해명이다. 그와 함께 그 시간성은 다가올 시간을 현재화하는 것이기도 하다. 철학의 현재는 역사성의 해석에 자리한다. "역사와 철학은 해석의 방식들이며, 현존재 자체인 그것이며, 현존재가 그 속에서 살고 있는 곳"이라고 하이데기는 말한다.

그 역사성은 사유의 경험이 역사적 과정을 통해 현재화하기에 그에 대한 의미 해명이라는 관점을 담고 있다. 역사성을 드러내는 작업은 한편으로 시간성에 근거하며, 미래를 결단하는 의미를 지닌다. 현재화란 현재에서 드러나는 과거의 해명과 미래에의 의미 결단을 미리 취하는 과정을 말하며, 현재는 현재화하는 그 순간이기 때문이다. 해석학은 현존재의 참여를 필요로 한다. 해석학적 참여란 인간 현존재가 자신의 존재 의미로 참여하고 결단함으로써 이루어지는 행위를 의미한다. 해석학적 철학은 현존재의 자기이해이며, 자기 자신을 만나는 결단의 가능성과 방식을 형성하는 사유다. 그러기에 그 철학은 현존재가 자신에 의해 자신과 관계된 존재자를 존재에서 드러내는 자기이해의 과정으로 이루어진다. 이러한 해석학의 철학은 해석됨 안에서 존재자에 대한 관계맺음의 방식을 결정한다.

해석학적 철학은 현사실적 삶 자체에 존재하며, 자신의 현재에서 이루어지기에 그 시대의 철학으로서만 존재하게 된다. 이것이 존재를 시간의 관점에서 이해하려 한 하이데거의 철학에서 기인했음은 두말할 필요가 없다. 현사실성은 시간성으로 특성화된다. 그것은 현존재의 실존범주로서의 시간성이다. 현존재의 현사실적 실존의 특성 가운데 하나인 시간성은 지나간 시간을 통해 드러난 존재 의미와 다가올 시간을 통해 드러나는 시간성을 현재라는 자리에서 결단하는 것이다. 현재는 인간이 현존재로서 자신의 '거기'에 있음을 보여주는 징표다. 현재화하는 시간성은 이 두 시간적 현상이 드러나는 현재의 이해 과정, 현재라는 지평에서 이 두 시간적 현상을 상호작용하게 만드는 현재화의 과정이다. 현사실성의 해석학은 존재 의미의 현재화다. 여기에 하이데거가 말하는 일상성日常性의 의미가 자리한다. 시간성에서 이해되는 해석학은 현재의 철학이며, 일상성이라는 특성을 지닌다.

이와 관련하여 흥미로운 주장을 우리는 부르디외P. Borudieu의 하이데거 해명에서 찾아볼 수 있다. 이해의 앞선 구조에 따라 이루어지는 해석학적 순환은 의미를 미리 취하며, 그 선취한 의미가 이해를 결정한다. 해석학적 순환의 구조는 말로써 이해하기 전에 이루어지는 존재 이해이며, 표현되지 않음을 통해 드러나는 존재 결단이다. 그래서 부르디외는 공동체에서의 이해, 예를 들어 정치적 행위는 이해의 선구조에 따른 것이기에 이를 바탕으로 하이데거의 정치적 참여를 설명할 수 있다고 말한다. 실패로 끝난 그의 정치적 참여는 "사유 없는 권력과 무력한 사유 간의 화해"라는 관점에서 이해할 수 있다. 부르디외는 하이데거가 자신의 실존론적이며 존재론적인 범주를 그가 살았던 구체적인

역사적 순간에 적극적으로 활용했다고 밝히고 있다.[5]

근대성이 일면적으로 구현되면서 초래된 독일 문화와 정신의 위기에 직면하여 존재론을 통해 이를 극복하려 한 철학이 바로 하이데거의 해석학적 철학이라는 말이다.[6] 이는 해석의 현재화와 연결지어 철학 행위를 이해할 수 있는 흥미로운 논점이 된다. 어쩌면 그의 해석학적 철학은 철학자들의 정치적 참여 행위와 언제나 실패로 끝나는 그 비극을 설명하는 단초가 될 듯하다. 해석학적 선결단은 이해의 구조를 결정하지만 실천의 영역에서 추체험적으로 결정되지는 않는다. 존재론적 해석학의 순환 구조는 우리의 실천적 행위와 연결지어 무척 흥미로운 관점을 제공한다.

부르디외의 말처럼 철학이 구체적 역사와 그에 대한 실존적 결단을 떠나 이해되지 않는다면, 이것은 해석학의 철학을 수행하는 중요한 계기가 된다. 해석학의 철학이 철학의 현재에서 이루어지는 사유 작업이라는 말은 이해의 행위와 의미가 드러나는 근원적 지평이 현재이기 때문이다. 해석학적 철학은 철학사적 맥락과 철학이 자리한 현재적 지평이라는 맥락에서야 비로소 올바르게 정립된다. 그럴 때만이 철학은 철학으로 자리할 것이며, 그 사유야말로 올바른 존재론의 철학일 수 있다. 존재론적 해석학은 지금 여기에 자리한 실존으로서의 현존재의 현재를 역사

존재해석학의 영향사

성과 연결지어 해명하는 철학이다. 무척 불행한 경우였지만, 하이데거의 정치 참여는 해석학적 철학의 현대적 재현을 이해하는 하나의 범례가 된다.

해석학의 철학은 존재의 언어에 이르는 길을 닦는 사유에서 주어진다.[7] 그것은 존재 진리가 열어 밝혀지는 지평으로서 언어를 사유하는 철학을 의미한다. 철학이 수행하는 인간의 자기관계와 세계관계에 대한 이해는 언어적으로 드러난다. 그러기에 언어를 사유하는 해석학은 결코 문헌을 분석하고 해명하는 기술이나, 문헌text에 대한 해석일 수 없다. 또한 그 철학은 결코 사회적, 문화적 맥락에 대한 이해의 철학, 구체적으로 문화학의 철학이거나 사회학의 철학, 또는 과학기술에 대한 철학적 반성과 해명을 지향하는 해석학도 아니다. 그 해석학은 어떤 경우에도 문맥 해석에 국한된 철학이 아니다. 이 해석학은 거듭 존재론적으로 존재자를 해명하는 철학임을 강조해야 할 것이다.

해석학이 존재론적이라는 말은 이런 맥락에서는 존재 드러남의 지평 전부에 관계되는 철학이라는 뜻이다. 여기에는 쓰여진 글과 사건은 물론, 현존재의 존재 경험과 존재 사건 전부가 포함된다. 해석학은 현사실적 삶 자체의 존재로부터 가능하며 실존적 인식, 즉 하나의 존재를 추구하는 철학이지 과학적 지식을 획득하기 위한 철학이 아니다. 해석학은 존재의 지평에서 존재자를 이해하고, 존재자의 존재를 드러내는 작업이다. 존재론적 해석학은 존재자를 그 자체로 인식적으로 이해하는 것이 아니라, 존재의 관점에서 이해하는 사유 작업이다.

4 존재론적 확산

존재론적 해석학은 철학적 방법론이거나 해석 자체, 또는 전통적으로 보듯이 해석 기술에 관한 이론이 아니다. 해석학의 의도는 해석학적인 것에서 해석의 본질을 규정하려는 시도이다.[8] 해석의 본질은 존재 의미에 관계되기에 그것은 본질적으로 형이상학적이다. 하이데거의 해석학은 기초존재론적으로 동기지워져 있으며, 존재 의미를 드러내는 형이상학적 관점에서 정향되는 해석학임은 이미 언급한 바와 같다. 그의 해석학은 형이상학과 별개의 철학이 아니라, 오히려 근대에 이르러 완성에 이른 형이상학의 역사를 초월적으로 극복하려는 존재론적 사유에 따른 것이다. 이러한 전개 과정에서 해석학은 근원적 사유로 작용하며, 그러기에 본질적인 의미를 지닌다.

존재론적 해석학은 존재자의 사유에 매몰된 존재 망각의 역사를 넘어서는 존재 역운의 맥락에서 기초지어진다. 그러기에 존재론적 해석학은 형이상학적이며, 존재자에 매몰된 근대 형이상학의 역사를 초극하는 탈형이상학적 사유 계기를 지닌다. 탈형이상학적 사유는 해석학의 패러다임과 다양한 요점에서 연관된다. 그것은 본질주의적 사유, 실체론적 존재론, 실재론 등의 전통 형이상학에 대한 비판에서 서로의 사유 동인을 확인한다. 탈형이상학postmetaphysics이라는 이름은 전통 형이상학 이후의 형이상학이라는 의미에서 붙여진 명칭이다. 인간은 존재하는 수많은 존재자는 물론, 사건과 현상, 자연과 생명, 역사와 사회를, 나아가 자신의 존재를 사유하면서 그를 넘어서는, 최종 근거와 궁극의 원인에 대해 질문했다. 인간의 이러한 근본 특성을 아리스토텔레스 이래의 철학에서는 형이상학으로 정의했다.

그러기에 하이데거의 말처럼 "형이상학은 철학의 한 분과가 아니라 철학 자체가 형이상학"이다. 인간은 형이상학적 존재이며 형이상학을 떠나 존재할 수 없지만 그 형이상학이 언제나 플라톤 이래의 전통적인 맥락에서 이해되어야 하는 까닭은 어디에도 없다. 존재해석학은 전통적 형이상학을 극복하는 사유이며, 실체론적 형이상학을[9] 해체함으로써 탈형이상학을 지향한다.

존재자의 열어 밝혀짐을 존재의 지평에서 해명하는 해석학

존재해석학의 영향사

적 사유는 존재 의미에 기반하여 존재자를 이해한다. 여기서 문제는 존재의 의미가 무엇인가 하는 점이다. 있음의 의미, 참으로 모호하다. 여기에 하이데거의 해석학에 내재한 가장 큰 어려움이 자리한다. 존재 의미는 존재자가 드러나도록 내맡기는 데서 주어지기에 하이데거는 이를 내맡김Gelassenheit이라는 말로 규정한다. 무엇을 내맡기는가? 이 말은 존재 의미란 인간의 노력에 의해 주어지는 것이 아니라 존재자가 드러날 때 존재가 스스로를 나타낸다는 의미를 강조하기 위해 하이데거가 택한 새로운 개념이다.

존재가 마치 창조주처럼 자신을 드러내는 것으로 오해를 불러일으키며, 그 드러냄에 현존재가 자신을 맡긴다는 느낌이 들게 하는 이 표현은 하이데거 철학을 모호하게 만드는 원인 가운데 하나다. 그 모호함은 존재론적 사유에 대해 말하는 우리에게는 한계로 다가온다. 그 한계는 존재 의미의 한계이기도 하며, 존재의 존재자를 이해하는 한계이기도 하다. 이는 어쩌면 유기체로서 유한성을 지닌 인간의 한계일지도 모른다. 해석학은 유한성의 사유이기에 이는 불가피한 선택일 수 있다. 혹은 이를 분명히 밝히지 못한 하이데거 철학의 한계일 수도 있다. 그럼에도 그 누가 이 모두를 밝힐 수 있단 말인가. 어쩌면 하이데거는 이런 사실을 꿰뚫어보았을지도 모른다. 현존재의 해석은 인간적이기에 역사적이며, 현재적이기에 유한하며, 그러기에 모순적이다. 그럼에도 이 모순을 감내하며 넘어서는 데 해석학의 초월성이 자리한다.

그럼에도 이 한계가 존재해석학을 언어 놀이에 머물러 있는 철학으로 단정하는 이유일 수는 없다. 인간이 존재하는 모든 것, 사물과 사건, 역사와 자연, 자아와 타자, 세계와 현재를 넘어 그것이 존재한다는 의미에 대해 질문할 때 그 논의는 존재론으로 확산된다. 그러한 존재론이 서구 언어의 경험에서 일차적으로 계사로 드러났을 뿐이다. 존재론은 결코 주어-술어의 관계나, 특정한 언어적 경험에서 주어지는 영역에 국한되지 않는다. 해석학적 진리사건이 이루어지는 순간은 존재자로서 존재자가 있게 되는 순간이다. 존재자가 그러한 존재자로 드러나 우리에게 의미로 다가오는 그때가 진리사건이 이뤄지는 순간이다. 존재자의 존재가 드러나는 것이 진리이기 때문이다. 그래서 존재는 진리의 순간이며, 지금 여기 현재에서 진리가 존재로 드러나게 된다. 존재는 결코 언어의 주술 관계에서만 이해되는 것이 아니다. 주술 관계는 언어를 통해 드러나는 진리의 한 형태다. 언어와 시간은 존재 사건이며, 역사와 이해 역시 존재 사건으로서 진리가 드러나는 지평이기 때문이다. 해석학은 존재 의미에 따라 확인된다.

5 해석학의 해체적 이해

인식론적 해체

대상적 사물에 대한 인식론적 철학의 체계는 사물이 지닌 존재의미를 해명하지 못한다. 하이데거는 이런 논의를 『존재와 시간』에서 손안의 존재성Zuhandenheit과 눈앞의 존재성Vorhandenheit에 대한비판을 통해 논쟁적으로 펼쳐간다.

자연은 발견된 어떤 존재자가 아니다. 여기서는 자연은 단지 대상일 뿐이다. 숲은 삼림이며, 산은 채석장이며 강은 수력이고 바람은 돛을 펼쳐주는 바람이다. …… 이러한 자연 발견에서 우리의 존재이해의 터전이며 우리가 살아가고 삶을 이끌어가는 자연자체는 감추어지고 매몰된다. 살아 있는 자연은 사라진다. 식물학자의 식물

은 밭둔덕에 핀 꽃이 아니며, 지리학적인 강의 발원지는 (삶의) 근원
이 되는 샘이 아니다(『존재와 시간』 103).

이 논의를 스마트폰을 예로 들어 설명해보기로 한다. 지하철
에서 만나는 수많은 젊은이들에게 스마트폰은 어떤 의미를 지니
고 있는가. 그들에게 스마트폰은 인식 대상이 아니라 친구와 소
통하고, 정보를 검색하며 카카오톡을 날리는 도구이다. 그들에
게 스마트폰은 질료와 형상이 결합된 사물이거나 인식범주에 의
해 표상되는 사물이 아니다. 그것은 존재자로 규정되는 어떤 사
물이거나 잉여가치를 생산하는 상품도 아닐 것이다. 하이데거에
따르면 스마트폰을 인식 대상으로만 규정하는 전통 철학은 한계
를 지닌다. 도구로 사용할 때만 의미를 지닌다_{도구존재}. 모든 사물
은 일정한 자리에 놓여 있다. 사물 존재자는 그 존재 자리에 따
라 그에 따르는 존재 의미를 드러낸다. 이러한 존재 자리를 벗어
나 있는 존재자는 존재론적으로 무의미하다. 사물 존재자의 인
식론적 지식은 인식론적 존재 자리에 따른 것이다. 도구를 인식
의 대상으로만 바라보면 그 도구는 자신의 존재 자리를 벗어나
게 된다.

존재의 지평에서 배제된 존재자 이해는 결국 사물 존재자의
의미를 인식하지 못하게 한다. 그로 인해 사물은 존재론적으로

존재해석학의 영향사

억압되고 소외될 것이며, 궁극적으로는 사물과의 세계관계에 처해진 인간의 존재 의미 역시 소외되고 왜곡되는 결과를 초래한다. 근대성이 과잉으로 치닫는 현대 세계에서 이런 현상은 너무도 분명하게 나타난다. 존재론적 해석학의 철학은 이러한 대상성과 인식론적 철학, 과학으로 귀결된 철학적 사유를 넘어 존재 의미를 밝히는, 다가올 사유의 단초를 줄 수 있다. 그러기에 해석학의 철학은 근대 이래의 학문 이해를 위해 매우 중요한 준거로 작용할 것이다.

존재론적으로 해석하는 일은 한편으로 드러나지 않은 부분을 감추임 안으로 억압한다. 표현을 통해 표현되지 않음을 배제하는 현상은 진리의 은폐와 탈은폐의 특성을 잘 보여준다. 비록 존재의 진리가 존재론적으로는 감추어져 있지만, 존재적으로는 우리와 가장 가까이 있다. 존재적으로 가깝고 존재론적으로 멀다는 것은, 있는 사실 자체가 존재적이며 이를 사유하는 것이 존재론적이기에, 사유하지 않았을 때 가장 가깝게 있지만 생각하지 않기에 감추어져 있다는 뜻이다. 감추어진 것은폐은 해석을 통해 명시적으로 드러날 뿐이다. 이런 관점에서 해석학적 철학은 드러냄으로써 감추며, 감춤을 드러냄으로써 진리를 탈취하는 성격을 지닌다. 그러기에 탈은폐하는 진리는 결여태privatio로 특징 지워진다. "현존재의 현사실에는 닫혀 있음과 감추어져 있음이 포함된다." 이해의 과정은 이러한 구조에 대한 파악이기에, 이해를 존재 체험이 담긴 언어로 탈취해낸다.

존재 역사는 존재 경험, 근원적 경험의 현재화이기에, 해석학은 이러한 현재화가 언어로 드러난 것에로 관여하는 행위이다. 이 텍스트에 관계한다는 것은 그 안에서 언어로 표현된 것을 간직하고 해명하며 그를 드러내는 행위이다. 이해는 근원적 경험의 현재화이며 언어와 그 지평으로 이끌어내는 것이며, 근원에 담겨 있는 원초적 사유가 보여주는 것, 존재가 탈취해낸 것과 같이 존재 역운이 형이상학적 사유에서 밝혀내는 것이기도 하다. 탈취해내는 것은 근원에 담긴 존재 역사의 사유를 이끌어내는 행위다. 진리란 궁극적으로 탈취해내는 것으로서 결여된 형태로 나타난다.

학문이 하나의 결여태라는 말은 부족이나 결핍의 의미라기보다 근원에서의 탈취라는 의미에서 이해되어야 한다. 학문은 결국 이차적인 것이지만, 근원적 진리에서 파생된 형태로 사물의 진리가 무엇인지 드러낸다. 그것은 근원적 진리에 근거할 때만이 인식론적 진리로 작용하게 된다. 그러기에 학문과 학적 진술은 해석과 이해에서 파생된 진리 양식이다. 그것은 "근원적 의미"를 벗어나 오로지 이 이차적 파생 양태에만 근거하며, 그래서 일면적이 된다. 따라서 학적 진리는 근원적 의미, 존재 의미에 근거하여 논구되어야 한다. 학문은 객체적 대상에 대한 지식의 체계이면서, 다른 한편 해석학적이다. 그런 까닭에 학문 체계를 논할 때 먼저 해석의 선구조적 특성이 밝혀져야 한다. 그렇지 않을 때 그것은 단지 객관적 사실에 대한 무의미한 지식 체계에 지나지 않게 된다. "해석학을 통해 현존재의 역사성을 존재론적으로 역사학의 존재적 가능 조건으로 정리하는 작업"에서 그것은 인문학적 작업의 근거로 기능할 것이다. 왜냐하면 그 학문적 작업은 근본적으로 "현존재 분석론인 해석학에 뿌리박고" 있기 때문이다(『존재와 시간』 38).

존재자적 층위에서 볼 때 현존재의 근본 구성 틀은 비진리에 자리한다.[10] 존재자적 지식에는 오류가 있을 수 있지만, 존재 진리는 명제적 오류와는 무관하다. 해석학적 철학의 대상은 "자기 은폐와 자기 위장의 방식으로 존재"하며, 현사실성의 해석학은 이 길을 가고자 한다. 해석학의 진리는 감춤과 드러냄의 이중적 갈등 관계에 자리한다. 존재 진리는 결코 거짓일 수가 없다. 거기에는 거짓과 오류가 자리하지 않는다. 거짓은 오직 명제적 판단에만 있을 수 있다. 사물 존재자는 존재론적으로 진리와 비진리의 영역을 넘어서 있다. 예를 들어 시작詩作을 포함한 예술 작품에는 거짓이 존재하지 않는다. 다만 퇴락한 작품, 키치kitsch만이 있을 뿐이다. 해석학의 특성인 '~으로서의 구조'에 따라 생각해보면 우리는 사물을 언제나 '무엇으로서' 받아들인다. 우리가 이해하고 해석하는 행위는 언제나 존재와의 관계에 따라 무엇으로서 수용할 때 가능한 것이지, 결코 사물적 지식에 관계하여 수용하는 것이 아니다.

존재론적 해석학의 해석 준거는 존재자와 존재의 존재론적 차이에서 비롯한다. 해석은 존재자를 넘어 존재론으로 이어진다. 존재자적으로 볼 때 존재는 있지 않은 것이기에 그 없음에서 존재자의 있음이 지니는 의미가 드러나게 된다. 그러기에 존재 드러남의 사유는 그 없음에서 있음의 의미를 보는 데 몰입한다. 이러한 몰입은 외적 규범에 의한 몰입과는 전혀 다르다. 그 사유는 차라리 모든 것이 공空함으로 있다는 것을 이해하는 철학이다. 그 해석학을 통해 이해하는 것은 객체적 사물, 존재자적 지식이란 다만 존재의 존재자적 없음에서 이해한다는 뜻이다. 객체적 지식이란 존재론적으로는 의미를 지니지 못한다. 존재자적 인식은 다만 존재론적 의미에 따라서만 의미를 지닐 뿐이다. 사물에 대한 존재자적 지식이 아니라, 존재론적 의미를 해명하는 철학이 해석학적 철학이다.

계보사적 해체

하이데거는 존재 물음의 고유한 역사를 밝히기 위해 존재에 관한 근원적 경험을 해명하고자 한다. 이를 위해 그는 전승된 존재론의 요소를 해체해가는 작업을 수행한다. 그럼에도 해체는 결코 존재론적 전통을 폐기한다는 의미가 아니라 존재 역사를 올바르게 드러내기 위한 긍정적인 의도를 지닌다. 해석학적 철학은 철학사를 통해 형성되는 이해와 해석의 과정을 철학과는 다른 이름으로 드러내면서, 이와 함께 다가올 철학적 과제를 현재화하는 사유 작업이다. 그러기에 그 작업은 철학적 해체 작업과 함께 이루어질 수밖에 없다. 여기에 해석학의 철학과 해체론이 만나는 지점이 자리한다. 존재 망각의 역사, 또는 존재 드러남의 역사를 감내해야 하는 현존재의 실존적 지평은 해석학적 철학이 해체론과 연결되는 자리인 것이다. 그 철학은 철학의 종말 담론과 연관지어 삶의 지평에서 주어지는 해석학으로 나타난다.

하이데거는 "실존자체는 현사실성을 문제로 여기는 이행에서" 이루어지는 "구체적인 현사실성의 해체"에서만 통찰될 수 있다고 말한다.[11] 현사실성의 해석학은 "해체하는 소급을 통해 해명을 위한 근원적인 동기의 원천으로" 나아가는 과제를 수행한다. "해석학은 해체의 길에서만 자신의 과제를 완수할 수 있다." 이렇게 수행되는 해체란 "현재가 자신에게 고유한 근본 운동에서 자신이 맞닥뜨려야 할 본래적 과정"이다. 이러한 해석학은 존재 역운의 역사성이라는 맥락에서 형이상학의 역사를 해체하고 현재의 지평에서 드러나는 존재 이해의 형이상학을 지향한다. 이런 관점에서 존재론적 해석학은 "과학"으로 귀결된 근대 인식론적 철학을 넘어서는 지평, 즉 탈근대적 형이상학을 지향하는 맥락에서 중요한 의미를 지니는 것이다.

하이데거가 시도한 탈근대적 형이상학에 대한 모색, 그의 말처럼 형이상학의 역사를 감내하며 극복하는 철학 이후의 사유와 그러한 맥락에서 이루어지는 사유의 확장은 해석학적 철학이 촉발된 근본 동기를 더욱 철저하게 이끌어가고자 했던 결과이다. 해석학의 철학에서 이성의 원리는 중요한 의미를 지닌다. 그때의 이성은 인식론을 가능하게 하는 이성이 아니라 존재 이해를 가능하게 하는, 존재성의 이성이다. 그러기에 해석학의 철학을 위해서는 이성 개념에 대한 새로운 이해가 요구된다. 하이데거 사유에서 거듭 이성의 한계를 비판하고 새로운 사유를 말하는 까닭은 여기에 있다. 새로운 사유는 전통적 이성 개념을 넘어설 때 비로소 시작된다는 말은 존재해석학의 한결같은 주장이다. 근대적 이성 이해의 패러다임을 넘어선다는 말이 곧 이성의 다른 부분을 수용하여 감성과 영성을 포함하는 다른 이성 이해, 또는 '이성의 감성화'를 뜻하는 것은 아니다. 오히려 그것은 인간의 존재성에서 주어지는 어떤 지성적 지평이라 말하는 것이 더 정확한 뜻이다. 해석학적 철학이 과학으로 귀결된 근대 학문의 완성을 극복할 학적 기반으로 작동하기 위해서는 이성 이해의 변화가 반드시 필요하다.

가다머에 의하면 근대과학의 특성은 방법론에 근거한다. 이는 하이데거 내지 근대를 비판하는 이들의 공통된 견해다. 여기서 한 걸음 더 나아가 그는 경험의 문제를 의문시한다. 경험이란 미학적 세계에서 진리를 표명하고 인식하는 중요한 근거다. 그 경험은 이성적 근거에 따른 것이 아니라 예술 경험이나 역사 경험 등과 관련된다. 따라서 가다머는 미학적 경험에 주목한다. 미학적 경험은 고유하며 그를 통해 인간은 자신의 진리를 발생시키며, 발생한 진리를 경험한다. 이것은 이성적 인식의 가능성을 논하는 차원을 넘어선다. 아름다움에 대한 것은 인식이 아닌 이해의 문제다. 이는 총체적이고 전체적이며 이성의 작동 원리, 칸트적인 지성의 인식 범위를 넘어서 있거나 또는 앞서 주어져 있다. 그것은 역사적이며, 인간의 총체성이 관계하는 그러한 이해다. 인간은 이성을 지닌 존재일 뿐 아니라, 감성 역시 매우 중요한 이성의 한 부분일 것이며 심지어 초월적인 영역에 관계하는 영성을 지닌 존재이기도 하다. 그와 함께 해석학적 이성은 역사적 의식 및 인식 가능성에 연관되어 있는 역사적 이성이며, 그에 따라 조건지어진 이성이기도 하다. 그러기에 해석학의 철학에 따르면 사물을 인식하는 이성으로 인간의 본성을 제한하는 것은 인간의 총체적 지성을 이해하지 못하게 만드는 반쪽의 철학에 지나지 않는다. 그런 까닭에 해석학의 해체론적 동기는 이성 이해의 전환과 함께한다.

존재해석학의 영향사

6

해석학의 철학

1 사유의 시작

역사의 첫 시작부터 인간은 외적인 사물과 사건, 자연과 사회, 역사와 세계는 물론 인간의 문제에 대해 이해하려고 노력했다. 이 이해의 노력을 학學적인 것으로 규정한다면, 학문의 시작은 개별 존재자에 대한 지식을 중심으로 이루어졌다. 이어 개별 지식을 추구하는 학문은 지식의 근거 문제에 대한 질문으로, 나아가 지식의 의미와 지식을 넘어서는 영역에서 지식을 문제 삼는 방향으로 발전했다. 이러한 지식 일반과 지식의 존재론적 근거를 묻는 학문 일반을 초기 그리스에서는 철학이라 이름했다. 그러나 지식의 분화와 함께 근대에 이르러 학문은 개별 존재자에 대한 지식에 관계되는 분과학문 체계로 발전하기에 이르렀다. 이때 철학은 지식 일반을 넘어 지식학으로서 학문의 근거와 의미, 학문의 내재적 원리에 대해 질문하는 영역으로 후퇴하게 되었다. 이와 함께 철학과 학문의 구별과 분화가 본격적으로 진행된 것이다

철학은 본질적으로 개별 존재자에 대한 지식 축적을 넘어 근원에서부터 학적 행위가 무엇을 의미하는지 묻는 학문이다. 그러기에 철학의 자기규정은 곧 학문 일반의 정의는 물론, 인간의 학적 활동 일반에 대한 정의와 밀접히 연관된다. 바꾸어 말해 개별 학문은 철학의 자기규정과 정의에 근거하여 외연과 내포가 결정될 것이며, 그 안에서만이 학문으로서의 의미를 규정받게 된다. 그러나 철학은 자신의 의미 근거를 자신에서부터 설정할 뿐 철학의 밖에서 이러한 근거를 제공받지 않는다. 철학은 스스로 자신을 규정하면서 자기 원리에 따라 자신을 정의한다. 자신의 정체성을 자기 회귀적으로 근거지우며, 그에 따라 학적 과정을 이루어가는 데 여타 학문과 구별되는 철학의 본질적 특성이 자리한다. 그러기에 철학만이 철학이 무엇인지 묻고 정의하며 자기규정하는 가운데 자신을 이루어가는 학문이라 말할 수 있다. 지금 이곳에서 철학이 무엇을 의미하는지 묻는 행위가 바로 자신의 과정인 학문, 그래서 매 순간 자신을 자신에서부터 규정하는 사유가 바로 철학인 것이다. 철학은 근본적으로 자기이해의 해석학적 체계이며, 그러한 이해의 역사에 따라 정의되는 학

해석학

문이다. 그 본성에서부터 철학은 해석학적이다.

철학은 자기이해의 상호작용에서 이루어지며, 그런 한 철학은 해석의 역사, 이해의 과정을 떠나 결정되지 않는다. 철학은 본질적으로 이해의 역사와 역사적 사유에 의해 결정된다. 철학이 자리한 이러한 역사는 시간의 본성에 의한 것이지, 결코 과거-현재-미래의 직선적 시간관에 근거한, 사건들의 역사적 결과일 수는 없다. 또한 그 역사는 일어난 사실을 모아 놓은 것으로서의 역사history를 의미하지도 않는다. 오히려 이때의 역사는 시간이 상호 영향을 미치는 것으로 규정되는 역사이며, 존재의 진리와 관계된 역사성으로서의 역사이다. 철학이 근거한 역사성은 객관적 시간의 연속이나 사건의 집적을 뛰어넘는, 역사의 존재 의미론에 근거해 있다. 그러기에 철학은 역사적이면서 동시에 역사를 넘어 존재한다. 이런 관점에서 철학은 이중적 의미에서 역사와 관련된다.

유럽의 사유는 신적 존재와의 관계와 그에 따른 경험은 물론, 이러한 지평에 상응하는 존재의 최종 근거와 불안의 바닥에서 절대적 희망의 근원을 추구하는 경험 세계를 지니고 있다. 여기서 초월성과 관계된 실존으로서의 인간은 철학을 포기하지 않고 근원적인 물음에 자신의 존재 전체를 투신하는 어떤 응답을 추구한다. 이러한 모습과 경험에서 유럽의 사유는 자신을 구원의 철학

해석학의 철학

으로 이해하려 한다. 이것은 유럽의 고유한 경험이며, 다른 한편 그러한 경험지평에서 주어지는 강박에 의한 것일 수도 있다.

사유와 존재는 동일하다는 파르메니데스Parmenides 이래의 정식은 이러한 근거를 드러내는 정의일 것이다. 철학적 사유는 스스로를 규정할 뿐 아니라, 그러한 행위의 전 실존과 역사적 과정에서 설정되는 자기이해의 과정이기 때문이다. 철학은 결국 그때마다 자신의 역사적 과정에서 스스로를 구현해가는 사유이다. 그런 만큼 존재론적 의미에 관한 역사적 철학은 우리에게는 '그때마다' 다른 모습으로 드러날 것이다. 철학적 사유의 틀은 역사적 체험지평에서 유래하며, 또한 그것이 미래를 결정한다. 철학의 근원과 유래는 다가올 시간으로서 자신의 미래에 머물러 있다. 이러한 철학은 역사의 결과로서의 현재가 아니라, 역사성의 현재에 자리한다.

해석학

2. 존재해석학의 철학적 맥락

철학은 사유와 역사의 경험에서 미래를 선결단하는 존재 의미론에서 주어진다. 그것이 철학을 존재론적 해석학으로 이해하며, 이를 역사성과 관련지어 지금 이곳의 철학 작업으로 이해하는 근본 취지일 것이다. 이러한 의미에서 철학 작업은 다가올 사유의 과제와 함께, 철학의 자기이해를 현재화하는 이중의 과제를 지닌다. 이때의 철학은 존재의 지평에 이르는 길을 걷는, 사유의 길 그 자체다. 철학 작업을 수행하는 인간의 실존범주는 언어와 이해에 관련된다. 존재론적 이해와 해석 작업은 언어와 함께, 언어로 이루어진다. 그러기에 자신을 해석학적 철학으로 이해하는 철학은 언어와 이해의 행위를 떠나 이루어지지 않는다. "인간의 순수 세계관계는 근본적으로 언어적이며, 이에 근거한 이해에 따를" 것이기 때문이다.

가다머에 따르면, 역사적 해석학의 시작은 객체적 생성과 성찰적 지식 사이의 추상적 모순 속에 자리한다. 이러한 해석학은 바티모가 말했듯이 철학적일 뿐 아니라 현대의 언어 체계 일반에 관계되어 설정된다. 그러기에 바티모는 존재해석학을 형이상학 이후의 사유에 관계되며, 하이데거가 말하듯이 존재 망각의 역사와 신앙의 세속화와 관계되어 니힐리즘의 문화적 상황에 대한 책임 있는 철학으로 이해한다.[1] 해석학적 철학은 대상에 대한 근대의 이해 체계, 근대 세계와 근대의 사유 체계에 대한 역사학적 반성으로서 근대 극복의 표지로 드러난다. 그러기에 해석학은 한편으로 근대 형이상학의 언어망각성을 복원하려는 노력이다. 이 과정에서 해석학이 제기하는 의미 질문의 지평은 인식론적이며 실제 구성적 관련을 넘어 자리한다.[2]

해석학은 인간 이해에 대한 성찰이며, 인간의 자기이해 형식과 함께한다. 인간은 의미 추구의 존재이며, 그 이해 양식은 해석된 본질의 세계를 넘어서 있다. 의미론으로서의 해석학은 또한 초월을 이해하고 설정하는 근거와 연관될 것이다. 나아가 해석학은 그 어원에서 보듯이 텍스트, 언어로 표현된 모든 것은 물론, 역사와 상징, 사건과 경험지평, 실존과 문화까지도 그 대상으로 끌어안는다.

그래서 해석학은 해명의 이론일 뿐 아니라, 인간 실존의 해명이 완결된 것, 전통 형이상학의 전제에 맞서는 의미 드러남의 지평이기도 하다. 그것은 전통 형이상학의 의도와 근거에 대한 비판과 거부를 담고 있다. 궁극적으로 형이상학의 전환은 이성 이해의 변화와 연관되어 있다. 초기 로고스의 철학이 이성 중심의 형이상학으로 전개된 과정에서 보듯이 이해의 전환은 형이상학의 틀을 변화시킨다. 근대 철학적 사유를 변형시키는 존재해석학은 존재의 역사적 사유, 존재에 의한 역사적 사유를 의미한다. 그것은 존재 진리를 넘어서는 도약을 통해 주어진다. 그 말은 형이상학 전체와 존재 의미의 근원적 사유를 넘어선다는 의미이기도 하다. 그러기에 이 철학을 탈형이상학이라 이름하는 것이다. 존재 진리는 근본적으로 초월적이며, 그러기에 존재를 이해하는 이성의 행위 역시 자기 초월적일 수밖에 없다. 이것은 근원에로의 도약이며, 다가올 시간의 현재화로서의 도약이기도 하다. 그것은 다른 한편 근원에 대한 감수성과 그 체험지평으로의 도약이다. 형이상학은 궁극적으로 이성의 이해 틀에 근거해 있기에 해석학의 형이상학은 이성의 자기 회귀적이며 자기 근거 설정에 관계한다. 존재해석학의 형이상학은 이를 위해 이성의 새로운 이해를 요구한다.

존재해석학은 일상성, 현존재의 현사실성에 대한 해석과 연관

해석학의 철학

된다. 이 현사실성은 세계-내-존재인 현존재의 해석학적 지평이다. 그것은 이해와 언어로 드러나며, 그에 따라 이해를 구성하는 언어의 보편성, 언어 이해의 전환과 관계된다. 언어는 수단이 아니라, 존재자체이며 존재 드러남의 지평이다. 이해는 자신과 타자 양극 사이에서 작동한다. 그것은 다만 자기이해로서 그리고 타자의 타자성에 대한 체험의 이해로서 존재한다. 가다머의 말처럼 "인간의 이해 일반은 다르게 이해"[3]하기에 해석학은 다른 이해와 다름의 이해, 타자에의 이해라는 과정을 필요로 한다. 이해는 과거와 현재의 매개가 끊임없이 이행하는 것이며, 그 안으로 진입해가는 과정이기에 해석학적 생성은 의미의 과정과 체험에 의해 이루어진다. 해석학을 위한 두 가지 전제는 해석학적 생성을 위한 이해의 가능성과 조건이다. 해석학은 해석을 통해 존재자의 차이를 드러내며, 끊임없이 차이를 생성하는 사유로 작동한다. 이 차이는 동일성 안에 놓여 있으며, 그 사유는 연기延期와 거리를 포함한다. 그럴 때만이 사유는 사유일 수 있다고 가다머는 강조한다.[4] 그 사유는 존재 역사와 함께 하기에 막다른 길에 이르러 도약하거나 변형되기도 한다. 그것은 때로는 역사를 따르면서도 역사를 넘어서기도 하며, 자유와 필연 사이를 넘나들며 존재를 거듭 새롭게 드러내는 계기로 작동한다.

해석학

3 해석학적 철학의 특성

해석학은 해석하는 순간의 의미 생성과 관련된다. 의미 생성은 이미 주어져 있는 의미를 찾아내는 것이 아니라 해석하는 순간마다의 이해에 따른 것이다. 어느 바다 한가운데 숨겨진 보물섬은 지도를 통해 찾아갈 수 있지만 해석학의 철학은 어떤 경우에도 그러한 보물찾기와 같은 과정이 아니다. 감추어진 보물은 존재하지 않는다. 오히려 이렇게 보물섬을 찾아 떠나면서 겪게 되는 수많은 체험이 더 값지듯이, 해석학은 텍스트 안에 숨겨진 어떤 비밀스러운 지식을 찾는 존재론적 경험에 따른 생성의 철학이다. 그래서 비로소 깨닫게 된다. 보물은 숨겨진 지식이 아니라 지식을 찾는 과정에서의 의미체험이었다는 사실을.

가다머는 『존재와 시간』에서 선보인 현상학적 해석학과, 언어와 예술 작품을 통해 존재론적 의미의 형이상학을 추구했던 하이데거의 철학을 이해의 해석학으로 발전시키려 한다. 가다머는 해석학을 개별 과학과 연결지어 논의한다. 해석학은 역사적으로 신학과 법학적 해석학에서 시작되었다. 그는 딜타이적 해석학의 전통에 따라 텍스트를 통해 드러나는 삶의 표현에 대한 이해의 해석학 개념을 출발로 삼지만 그럼에도 그 범위를 세계와 인간 관계로까지 확대한다.

가다머는 하이데거의 존재론에 따라 존재하는 모든 것은 언제나 "어떠한 것"으로 받아들여진다고 말한다. 가다머의 해석학은 근본적인 관점에서는 하이데거의 취지를 그대로 계승한다. 이렇게 무엇으로 이해되는 구조as structure는 언어로 드러난다. 그럼에도 언어는 인간에게는 한계를 지닌 것이다. 해석학은 불가피하게 인간이 지닌 유한성에 자리한다. 이해하고 해석하는 인간의 본성에 따라 해석학을 자리매김한다면 그 학문은 자신의 유한성을, 철저히 인간 존재의 유한성을 수용한 결과임을 알 수 있다. 해석학은 유한성의 철학이다. 이러한 유한성은 언어와 역사적 경험의 유한성뿐 아니라, 인간의 실존성 자체의 유한성이기도 하다. 이해의 선구조는 인간 이해의 가능성에 담긴 한계에서 기인한다. 해석학은 인간 조건의 한계성에 대해 진지하게 성찰한다. 해석학은 유한성을 존중하는, 유한성의 사유이다. 이해의 과정에서 유한성의 사유는 의미를 생성으로 체험하게 된다.

가다머[5] 해석학에서 이해가 실존적 인간의 존재에 의한 것이라 해서 이 철학이 곧 주관주의를 대변한다고 말할 수는 없다. 해석학은 어떤 경우라도 이해의 보편성을 벗어나 있는 상대주의나 주관주의적 철학이 아니다. 이해의 보편성이라는 말은 해석학적 철학의 관점에서 이루어지는 것으로, 동일성의 사유에 매몰된 본질주의 철학과 같은 맥락에서 이해되지 않는다. 해체주의와 연관된 해석학의 철학은 차이의 보편성이라는 관점에서 이해되어야 한다. 이해의 보편성은 존재와 언어의 보편성에 근거한다. 그럼에도 그 존재와 언어는 존재자를 통해 차이로 드러나게 된다. 해석학적 보편성은 차이를 생성하고 차이를 보존하는 보편성인 것이다. 오히려 가다머는 전통에 의해 주어진 현존재의 해석학적 지평이 역사적으로 결정되어 있음에도 이 전통에는 끊임없이 해석하는 존재의 현재와 실존성이 개입한다고 말한다.

현존재의 해석은 언제나 역사와 현재가, 전통과 현재가 상호작용하는 가운데 이루어진다. 이러한 현재는 그가 말하는 지평융합과 연결지을 때 해명이 가능하다. 시간적 상호작용을 통해 이루어지는 해석 과정은 초월성을 현재화하는 가운데 이루어지는 상호작용까지도 포함한다. 해석학적 현재는 시간적인 "이미 벌써"와 "아직 아니" 사이의 상호작용을 의미한다. 과거는 지나

해석학의 철학

가버린 역사의 결과물이 아니며, 미래 역시 아직 다가오지 않은 미결정의 무엇이 아니다. 해석학적 관점에서 과거와 미래는 끊임없이 현재에서 이해되며, 해석하는 현존재에 의해 새롭게 해석되는 과거이며, 현재에 의해 이미 방향지어진 미래다. 시간의 이러한 삼중 구조의 상호작용이 해석학적 지평융합이기도 하다. 이러한 시간의 상호작용 가운데 해석학적 생성이 이루어진다.

언어학적 전환에 의해 이루어진 해석학의 철학은 하이데거와 가다머의 해석학에서 보듯이 예술 해석학으로 이어진다. 예술 해석학은 자기 극복의 존재로서 인간을 심미적 존재로 자리매김한다. 예술은 객체적 사실이 아니라 실존적이며 개별적이다. 예술은 일반과 보편을 넘어 언제나 다르게 나타나며 고유한 형태로 자리한다. 같은 것은 예술이 아니라 표절일 뿐이다. 예술은 언제나 다르게 존재하며, 차이를 생성한다. 그러기에 예술은 고유한 역사를 지닌다. 예술의 역사는 해석학에서 보듯이 역사적 사실이 아니라 역사성에 따른 것이다. 그러기에 예술은 인간의 실존성과 역사성을 가장 잘 드러내며, 존재론적 진리를 탁월하게 재현하는 양식이다. 예술은 그 진리를 작품으로 드러나게 만든다. 그래서 하이데거는 예술 작품을 진리의 창조와 창조된 것의 보존으로 이해한다. 예술은 개별 학문이나 인식 이성의 보편성과는 다른 지평에서 그만의 고유하며 독특한 존재론적 의미를 지닌다. 그런 관점에서 예술은 해석학적 역사성을 포함하고 있다.

예술 해석학은 차이를 만들어낸다. 끊임없이 차이를 생성하는 해석학적 작업은 해체론을 통해 시작되며 해석학적 과정을 거치면서 가능해진다. 이렇게 생성되는 해석의 차이는 이해 과정의 보편성에 자리하기에 해석은 이해의 보편성과 해석의 차이를 포함한다. 그 동일성과 차이는 존재의 동일성과 차이이며 다른 존재를 생성해내는 과정이기도 하다. 그 과정에서 현재의 다양함과 차이가 드러난다. 해석학적 생성은 현재의 차이와 다양성으로 드러나며, 이는 본질주의적 동일성과 일원성의 철학을 넘어서게 한다. 예술 해석은 해석학의 이런 특성을 명확히 보게 하는 대표적 사례일 것이다.

예술 작품이나 해석학적 작업을 통해 드러나는 진리는 과학적 진리와는 구별된다. 진리는 단수가 아니다. 진리는 사실적 진리, 인식의 진리와 역사적 진리는 물론, 은폐된 것이 드러나는 탈은폐의 과정에 있는 진리이며, 감추어져 있을 때 진리로 작동하기도 한다. 모든 것이 드러나는 것이 반드시 올바른 진리일 수는 없다. 또한 진리는 인간의 이해와 함께한다. 인간의 이해를 떠난 진리가 인간에게 어떤 의미를 지니는 것일까. 그 진리는 신적인 진리거나 또는 나와는 전혀 무관한, 있거나 있지 않거나를 알 수도 없는 진리일 뿐이다. 해석학에서 말하는 진리는 언제나 시간과 역사에 따라 드러나며, 이해하는 인간의 실존과 고유함을 떠나 이해되지 않는다. 그러기에 그 진리는 예술 작품에서 가장 잘 드러난다고 말하는 것이다.

가다머의 지적처럼 해석학은 지극히 독일적인 정신과 그 경험을 담고 있다. 독일의 종교개혁과 이에 따른 성서해석학 없이 철학적 해석학을 말할 수 없다. 또한 프랑스적 계몽주의와 별개로 독일 정신의 스캔들이라 말할 수 있는 초기 낭만주의적 사유는 철학적 해석학을 형성하는 데 결정적 역할을 했다.[6] 초기 낭만주의 사조 없이 현대 독일 철학을 이해하기란 결코 쉽지 않다. 튀빙겐의 철학자 프랑크M. Frank는 이 점에서 니체와 하이데거의 사유에 초기 낭만주의가 핵심적인 영향을 미쳤다고 주장한다.[7] 초기 낭만주의는 계몽주의와는 달리 인간의 지성을 형성하는 전통적 이성과는 다른 영역에 대해 주목한다. 거기에는 시와 예술이, 신화와 자연이 관여한다. 낭만주의 시인이자 철학자 노발리스Novalis의 말처럼 철학은 시적이면 시적일수록 더 진리를 드러낸다. 그 까닭은 시와 예술이 보이지 않는 사물을 보이게끔 하고, 들리지 않는 존재의 소리를 들리게끔 하기 때문이다. 이처럼 보아도 보이지 않던 사물을 보이게끔 드러내는 행위와 사유는 해석학적 철학의 가장 중요한 작동임에는 틀림없다.

이런 관점에서 해석학은 실존성의 해석학이며 역사성에 기반한 현재성의 철학이라고 말해야 할 것이다. 해석학의 이런 특성은 그대로 해석하는 현재에 적용된다. 그러기에 해석학은 가다머의 말처럼 적용의 철학이기도 하다. 해석학적 적용은 해석하는 현재와 해석하는 실존에 관계된 현재에 관여한다. 존재해석학의 모든 특성은 지금 여기에서 철학하는 우리의 존재에 그대로 적용된다. 비록 독일 정신사의 영향하에 있지만 해석학이 유럽 철학 전통의 이성 이해의 결과이며, 인간의 보편적 실존성과 시간성에 따른 철학이기에, 그것은 지금 여기서 해석하는 우리의 현재와 현존재에 적용되는 철학일 수 있다. 해석학의 보편성과 개별성은 이런 관점에서 이해된다.

존재해석학은 근대의 인식론과 관념론을 넘어 존재론에 대한 이해를 바탕으로 철학을 새롭게 정립하고자 한다. 그것은 존재자의 존재 의미에 근거하여 철학을 존재해석학으로 규정한 뒤, 그에 따라 현대의 생활세계를 해석하려는 노력을 담고 있다. 존재 해석은 인간이 자신의 존재 가능성을 이해하고 타자와의 관계가 변화하는 방식을 담아낼 수 있게 된다.[8] 이것은 근대 철학에 근거한, 객체로서 주어진 텍스트를 설명하고 그 지식을 추구하려는 작업과는 달리 인간의 이해 행위 일반에 대한 해명을 통해, 해석학이란 궁극적으로 존재 이해에 근거하여 이성의 자기 회귀적 작업으로 수행된다는 이해에 근거한다.

그런 까닭에 해석학의 철학적 작업은 명백히 2,500년에 걸친 서구 본질철학의 전통과 범주를 벗어나 있을 뿐 아니라, 근대 철학 이래의 인식론적 경향과도 상반되는 것이다.[9] 이렇게 이해되는 철학은 일차적으로 근대의 인식론적 철학과 그 이성 이해, 도구적 이성의 한계를 넘어 자리한다. 이러한 존재해석학은 하이데거의 기초존재론과 해석학적 현상학에 기반하며, 가다머의 역사해석학을 넘어선 근대성 극복의 해석학으로 이해된다. 그래서 그 철학은 하이데거의 존재론과 형이상학 극복의 노력에 뿌리를 두면서, 그와 함께 근대 이성의 철학 체계를 넘어서는 언어 · 진리 · 예술 이해의 해석학으로 나아가는 것이다. 언어학적 전환에 따른 존재해석학의 사유 동인은 해석하는 우리의 의식이 영향사적으로 규정되어 있다는 전제에서 출발한다. 존재의 도래는 언어로 드러난다. 그것을 드러내는 것이 사유의 과제이기에 이때의 언어철학은 존재에 대한 해석학이다. 이 해석학은 근본적으로 존재자체를 인간 현존재의 역사성에서 이해하는 해석의 틀을 의미한다. 그래서 이때의 해석학은 역사적, 언어적 매개를 통해 이해된다는 특징을 지닌다.

실존적 역사성은 이러한 철학의 토대이며, 이를 위해 존재 의미에 대한 해명이라는 기초적인 과제가 해결되어야 한다. 이런 의미에서 정초된 하이데거의 기초존재론이 "존재 이해 자체의

216

해석학

의미"를 묻고 있으며, 그 철학이 결국 현존재의 실존론적 분석론에서 찾아져야 하기에 역사철학적일 수밖에 없음은 이미 앞에서 언급한 바와 같다.[10] 이해의 선구조로 규정되는 것, 현존재의 존재 구조에 의해 그 존재 의미에 선행적으로 참여해야 하는 철학은 존재론적 실존범주에 기반하는 철학이며, 존재 일반의 의미에 따른 것이기에 기초존재론에 기반한 해석학으로 확장되었던 것이다.[11] 이러한 해석학의 전개를 아펠K.O Appel은 "해석학의 철학적 철저화"로 이해하고 있다. 그것은 언어를 "존재의 자기해석을 위한 역사적 매체"로 파악하는 "고유한 방법론적 자기이해"를 의미한다.

해석학의 철학

4

해석학적 존재 역운

존재 역사적 사유의 계기

사물이 있다는 사실을 이해하는 것이 존재 사유이며, 이 존재 사유는 인간의 해석학적 과정에서 보듯이 역사적이다. 인간이 역사적 존재이기에 그 사유도 역사적일 수밖에 없는 것이다. 해석학적 과정이 이 존재 사유의 역사를 형성하는 만큼 존재 역사란 결국 해석학적 이해의 과정을 따른다. 그러기에 역사를 존재 이해가 자기를 보내는 과정이라고 말할 수 있는 것이다.

　존재해석학의 철학적 근거인 존재론이 진리를 역운das Geschick으로 표현하는 까닭이 여기에 있다. 역운이란 역사적 과정을 통해 존재 이해가 생겨나는 것을 압축적으로 표현한 개념이다. 그것은 존재를 모아 보내는 성격에 따라 진리 역시 역사의 과정에서 주어진 것으로 이해하는 사유를 담고 있다. 존재 이해가 진리이며, 존재가 드러나는 과정이 진리의 역사이기에 이것을 해석하는 과정도 역사를 통해 이루어진다. 진리를 역사의 피안에서 찾으려는 희망을 포기할 때 역사의 진리성은 역사 자체에서 주어지며, 이때 진리는 역사 가능성의 근거로 자리한다는 사실을 알 수 있다. 그것은 사실적 현실과 다른 모습으로 나타난다. 역사는 세계관계의 기능을 지니며, 이때 역사는 객체적 지식이 아니라 세계 드러남의 진리와 관계되어 이해된다. 진리가 역사와 관련되며, 존재 드러남이 진리이기에 진리는 역사적 사유를 통해 가능해진다.

그럼에도 그때의 역사는 사실의 연속이 아니라, 사실 이해의 연속성으로 이해해야 한다. 그 까닭은 존재 드러남은 그때마다의 존재자의 존재 근거이지, 그 자체로 존재자로 이해되는 것이 아니기 때문이다. 또한 사실의 연속은 존재자적이지만 사실 이해의 연속성은 존재론적이기 때문이다. 하이데거는 『근거율*Der Satz vom Grund*』1957에서 서구 사유의 역사는 존재의 역운에 근거해 있다고 말한다. 역사는 존재의 모아 보냄으로 자리한다. 그 역사는 존재 이해가 스스로를 보내는 집약적 과정이다. 그래서 해석학을 위해 존재 역사에 대한 철학이 필요한 것이다.

존재 역사적 사유에는 네 가지 계기가 자리한다. 먼저, 근원적 사유라 말하는 존재 경험의 첫 시작에 담긴 진리 이해다. 이를 하이데거는 근원에의 체험이라 말한다. 로고스 개념과 진리를 "존재 드러남aletheia"으로 규정하는 것이 그러한 예다. 둘째, 존재 역사의 사유는 형이상학 텍스트를 지향한다. 여기에 하이데거는 플라톤과 아리스토텔레스, 데카르트와 라이프니츠, 칸트와 헤겔, 셸링과 니체의 형이상학 텍스트를 거론한다. 셋째, 존재 역사의 전환이다. 예를 들어 존재 망각의 역사로는 '테크네techne'가 기술공학technology으로 사유된 역사를 거론할 수 있다. 그것은 존재 드러남의 형태인 '테크네'가 기술공학적 몰아세움Gestell으로 이해되는 근대의 시대상에서 극명하게 드러난다.[12] 존재 드러남의 근원적 체험을 담고 있는 '테크네' 개념이 현대 문화에서 어떻게 변형되고, 왜곡되었는지를 밝히는 것 역시 존재 역사의 한 모습이다. 현대 문화와 세계 체계의 극단적 형태인 아메리카니즘은 삶의 방식을 의미하는 것이 아니라 형이상학적 세계관을 반영한다.[13] 그것은 근대의 성취물이며, 존재 경험이 과학기술과 자본으로 축소된 시대의 모습, 궁극적으로 존재 이해의 어떤 극단적 방식을 드러내고 있다.

이 점에서 실용주의적으로 해석된 '존재 드러남'의 사유는 유럽 문화의 본질에서 유래했음에도, 근대성이 지닌 위험을 극명하게 드러낸다. 멀리는 강화도 조약 이래, 가깝게는 해방 이래

산업화와 서구화로 축소되고 강요된 우리의 근대 역시 이러한 위험을 압축적이며 왜곡된 형태로 지금의 우리를 몰아세우고 있지 않은가. 존재의 역사는 우리에게도 결코 낯선 것이 아니다. 오히려 그것은 은폐된 형태와 왜곡되고 강요된 형태로 우리를 몰아세우고 있다. 근대의 모순이 극명하게 드러나는 우리의 현재를 돌아보면 이 역사가 얼마나 극렬한지를 알 수 있을 것이다. 존재 역사와 마주하는 것은 우리에게 너무도 분명한 과제로 드러난다. 우리의 근대를 극복하는 길에 이 해석학은 어떻게 기능할까. 그 사유를 여기서는 탈근대적 해석학으로, 현재의 해석학으로 제시하려 한다.

마지막으로 존재 역사에는 다른 근원이 존재한다. 인류의 근원적 경험, 시작詩作과 언어의 길이 그것이다. 여기에 예술 작품의 근원, 근원적 사유, 사물thing의 본질[14] 등을 거론할 수 있을 것이다. 이러한 존재 드러남을 보여주는 것이 해석학이라면, 이는 결국 문헌 해석학의 범주를 넘어설 수밖에 없다. 해석학은 현존재의 현사실성에 따른 것이며, 현존재의 자기이해에 근거해 있다. 그러기에 그것은 세계-내-존재의 세계성과 역사성을 지닌다. 해석학이 궁극적으로 실존적, 존재론적이며 현사실성에 근거해 있기에 그것은 철저히 지금 여기에 열어 밝혀지는 존재 의미에 터 잡고 있는 것이다.

해석학의 현대 철학적 적용

존재 모아보냄의 역사는 개별 영역으로 확산된다. 그것을 영역적 해석학으로 설명한다면, 존재해석학은 기초존재론을 넘어 인간의 존재론적 행위가 적용되는 영역으로 확산될 수 있기 때문이다. 해석학은 인간 행위와 문화적 생산물에 관계되어 그 이해의 지평으로 작용하게 된다. 그 말은 문화를 비롯한 인간의 존재론적 활동을 결과물로 이해하지 않는다는 뜻이다. 즉, 문화를 비롯한 인간 행위의 결과를 결코 실제적 사물로서가 아니라 생성과 자기이해의 함축물로 이해한다는 의미를 담고 있다. 문화를 숭례문과 같은 사물이 아니라 그 안에 담긴 역사와 존재 이해, 예술 행위로 이해하는 것이다. 이 명제를 문화를 통한 현존재의 자기이해로 해명할 때, 현존재 분석이 존재론적 해석학을 통해 문화철학으로 이해될 수 있는 통로가 제시될 것이다.

19세기 문화철학을 비판하는 하이데거의 주장은 신칸트주의적 문화철학이 궁극적으로 실체론적 철학에 근거해 있다는 비판을 제시한 것이다. 문화를 작품으로 이해하고 그에 대해 해명하는 것은 마치 예술의 철학이 작품에 대한 해명에 그치는 것과 같은 오류가 된다. 이때 존재자의 존재 의미, 존재의 역사적 성격은 감추어질 뿐이다. 궁극적으로 문화철학은 이런 관점에서 하이데거 철학을 근거로 할 때 존재 역사적으로 이해되어야 할 것이다.

생성과 자기이해로서의 문화는 문화철학을 위한 해석학적 지평을 존재 역사적으로 요구한다. 이런 관점에서 바티모 같은 철학자는 해석학의 철학을 서구 문화 전체에 통용되는 보편적 언어 정립의 철학으로 제시하려 한다.

철학사적 맥락에서 볼 때, 존재해석학은 근대 철학의 한계를 넘어 근대 이후의 문화적 경험과 생활세계에 대한 해석과 이해의 철학적 지평으로 제기될 수 있다.[15] 그것은 한편으로 현대에서 규정되는 인간과 철학의 자기이해를 표현하고 있다. 인간은 그 시작부터 철학을 통해 시대의 정신과 경험에서 비롯된 해석의 체계이며, 이를 근거로 하여 세계와 인간, 자연과 역사에 대해 이해하는 사유를 펼쳐왔던 것이다. 이처럼 존재해석학은 개별 영역에 관한 철학적 논의의 토대로 작용하게 된다. 이런 영역은 문화철학을 넘어 과학·심리·역사 등 수많은 영역별 철학으로 이어진다. 이때 과학·심리·역사 철학이 이를 학문에 대한 철학적 반성이 아니라, 존재 진리에 근거하여 이들 영역을 해석하는 철학으로 근거짓게 될 것이다.

미국의 철학자 드레프스H. Dreyfus는 하이데거의 현존재 분석에 담긴 실용주의적 관점을 해명함으로써 이런 작업을 전개한다.[16] 그는 현존재의 합리성과 정서적이며 감성적 측면의 연속성은 현존재가 지닌 현사실성에서 실용주의적 관점과 일맥상통한다고

해석학의 철학

생각한다. 즉, 현존재의 "세계-내-존재"성은 인간이 추구하는 진리가 역사화한 것이며, 현존재의 현사실성과 일상은 진리의 터전이 된다. 그의 철학은 존재론을 듀이의 철학적 맥락에 따라 해명한 결과이다. 그래서 그의 철학은 미국적 문화와 사회에 매우 충실한 학문이라 말할 수 있다. 이런 흐름은 로티가 하이데거에서 신실용주의적 사유의 단초를 찾고 있는 지점이기도 하다. 근대 철학이 철학의 참된 근거를 인식론에서 찾고 있다면, 근대 철학을 넘어서고자 하는 철학은 그것을 존재의 현사실성에서 주어지는 해석학적 지평에서 찾으려 한다. 이러한 현사실성의 해석학을 로티나 드레프스는 그들 사회의 문화 · 철학적 맥락에 따라 해석하고 있는 것이다.

철학사적 맥락에서 이런 흐름은 니체 이후의 문제의식에서 출발하여 전통적 인식론의 퇴조와 그 이후의 문화적 공백을 수용하려는 인식에서 제기된 것이다.[17] 당시 유럽의 주류 철학은 칸트적 철학 체계에 따른 것이다. 철학은 결국 인식론의 체계에 종사하며, 지식의 본질과 근거를 기초짓는 학문의 학문론으로 자리한다. 그 결과 철학은 과학기술주의로 완성에 이른 학문적 상황에 종속되기에 이르렀으며 존재 의미 역시 가려지기에 이르렀다. 존재해석학은 지식의 이런 한계를 극복하기 위해 인식론을 넘어서는 다른 철학에서 근거를 찾으려 한다.[18]

해석학은 다만 사유의 다른 형태가 아니라 존재 역사의 결과 물이며, 현재의 문화적 자리를 진지하게 수용할 때의 철학이다. 이것은 바티모와 로티를 비롯한 해체론적 해석학의 주장이기도 하다. 로티에 따르면 해석학이란, 경쟁하는 담론 사이의 의사소 통에 실패할 때라도 언제나 필요한 것이다. 그러한 해석학은 오 늘날 문화다원주의의 현실에서 소통과 대화의 원리로 작용할 수 있게 된다. 그것은 본질적으로 역사적이며 현재의 문화적 상황 에 대한 이해를 진지하게 수용하는 현재 사유의 보편적 표징이 된다. 인간의 실재 이해는 언어로 파악되며, 언어에 의해 매개된 다. 인간이 세계와 관계를 맺고 그 관계를 이해하는 것은 언어적 으로 이루어진다. 그러기에 이해는 곧 언어적으로 매개된다고 말할 수밖에 없다. 해석학의 보편성은 주체에 의해 모든 의미 내 용을 추적하면서 그 작업을 수행하는 것이 아니라, 언어의 근원 에로 소급하는 일반적인 세계 이해 가능성에 자리한다.

이처럼 존재해석학의 역사적 특성은 로티에서는 명백히 문화 철학의 지평으로 제기되고 있다. 존재 해석이라는 명제가 하이 데거에서 "존재의 의미"에 의해 인간이 자신의 존재 가능성을 이 해하고 타자와의 관계가 변화하는 방식을 의미한다면[19], 이에 비 해 로티는 이를 형이상학의 퇴조 이후의 상황에 대한 해명 작업 으로 규정하고 있다. 로티와 드레프스의 해석학은 그들의 철학적 전통에 기반하여 미국 사회와 문화에서 요구되는 철학을 모색한 결과로 이해할 수 있다. 이처럼 해석학은 본질적으로 인간의 존재 이해에서 출발하여 현재하는 인간과 그 결과물인 현재 전체를 존재론적으로 해명하는 철학을 지향한다. 그에 따른 적용의 문제는 로티에서 보듯이 문화철학이나 문예학으로 확장되었지만, 다른 수많은 주제 영역에도 타당하게 적용될 수 있다.

해석학은 인간이 펼쳐가는 그 어떤 학문적 결과에 대해서도 인간의 존재 의미와 연결지어 해명하려 한다. 예를 들어 오늘날 인간을 이해하는 데 결정적인 역할을 할 뿐 아니라, 심지어 학문을 모두 생물학적으로 통합하려는 진화생물학의 자연철학적 주장에 대해서도 해석학은 존재론적 의미를 부여하고 그에 따른 해석의 지평을 마련해야 할 것이다. 그것은 어떤 경우에도 진화생물학의 업적을 해명하는 철학일 수가 없다. 진화생물학의 자연철학은 존재론을 배제한 채 맹목적인 생물학의 철학을 전개하고 있다. 그들은 스스로를 과학이라 말하지만, 그 해석은 이미 전통적 의미의 과학을 벗어나 자연주의 철학으로 흘러가고 있다. 그럼에도 그들은 그 존재론적 의미를 해명하지 못함으로써 소박하고 맹목적인, 의미를 결여한 생물학주의로 매몰되고 있다. 그 끝은 또 다른 모습의 허무주의일 것이다.

존재해석학은 인식론 중심의 서구 근대 철학을 넘어서는 새로운 철학으로 작동한다. 해석학은 본질적으로 철학적 방법론이 아니다. 이것은 무엇보다도 존재에 대한 이해를 바탕으로 이루어지는 해석학을 의미한다. 그럼에도 이는 철학의 작업을 수행하는 방법론으로 작용할 수 있다. 철학이란 그 자체로 객관적 대상에 대한 인식을 담지하는 체계이지만, 나아가 그 이해의 과정을 통해 다시금 자기이해를 규정해가는 역동적 과정을 의미한다. 그것은 철학만이 철학은 무엇인가를 규정하는 자기이해의 과정을 통해 철학의 구체적 작업을 수행하기 때문이다. 그러기에 존재론적 해석학에 기반한 근대 이후의 철학은 자연과학과 인문학의 존재론적 동일성과 해석학적 차이를 소통시키는 데 기여할 것이다. 이러한 관점에서 존재해석학을 존재 영역에 대한 해석학과 연결지어 해명하려는 시도는 넓은 의미에서는 근대성 극복의 역사철학적 맥락에 근거하여 지금 이곳의 철학적 성찰로 이어지는 일관성을 지닌다.

5 존재해석학의
초월적 특성과 현재

하이데거의 해석학은 딜타이적 개념을 넘어 객체적이며 정형화된 체계에서 벗어나 있다. 하이데거는 『현사실성의 해석학 *hermeneutics of facticity*』에서 후설의 현상학적 본질 존재론이 인간의 실존성을 보지 못한다고 비판한다.[20] 실존이란 가능성을 향한 스스로의 기획과 이해로 규정되기에, 이해는 어떤 인간의 지적 활동과 관련되는 것이 아니라 인간 현존재의 근원적 존재 방식, 존재 움직임을 따른다. 인간은 근본적으로 이성의 존재가 아니라 이해의 존재이며, 그 실존범주는 이해와 말, 역사에서 규정된다. 해석학은 인간의 역사성에 근거한 실존성을 진지하게 수용하는 학문 체계이다. 그것은 근본적으로 인간의 조건성과 한계성에서 유래한다. 그와 함께 해석학은 주어진 조건과 한계를 뛰어넘는 그 이상의 영역을 지향한다. 그것은 해석학이 본질적으로 존재론적 지평에 자리하기 때문이며, 나아가 그 지평에서야 가능하기 때문이다.

해석학은 궁극적으로 인간의 자기이해에 관계하여 수행된다. 그것은 인간 실존성과의 대화를 의미하며, 해석의 작업을 존재론적 성찰의 내적 조명에 따라 이어간다. 인간의 실존성에는 존재에 의해 해명된 것이 속하며, 그러한 존재성이 곧 인간의 실존이다. 해석학의 학적 결과는 의미에 관한 것이며, 그러기에 인간의 존재를 떠나서는 결코 가능하지 않다. 해석학은 의미의 구성과 드러남, 의미의 소통에 관한 다양한 과정 전체와 연관된다.[21] 해석 행위는 해석의 자기이해를 해명하는 것이기에, 이 자기이해는 결국 존재론적 의미에서 규정된다. 이때의 이해는 인식론적 개념이 아니라 존재론적 개념으로 받아들여야 한다. 이러한 존재론적 의미를 해석학은 궁극적으로 초월성에서 찾고 있다. 하이데거의 말처럼 존재는 단적으로 초월이기 때문이다(『존재와 시간』 37). 그래서 해석학의 존재론을 위한 지평은 이해의 역사적 과정과 함께 그를 위한 초월성으로 규정된다.

해석학의 철학은 인간이 지닌 지식의 방향과 내용을 인간 존재와 삶이 나아가야 할 그곳을 향하도록 한다. 이를 잠정적으로 방향 정립orientation의 학문이라 이름하기로 하자. 이 방향 정립은 일차적으로 학문의 지향에 관한 것이지만 그 근거는 인간 본성인 존재론적 지향성에 있다. 이런 지향성을 여기서는 초월성이라는 말로 규정하기로 한다. 초월이란 인간 세상을 넘어서는 어떤 피안을 향한다는 의미가 아니라, 우리의 현재적 조건과 상황을 넘어선다는 의미에서의 초월이다. 이것은 인간 본연의 유한성과 조건성을 넘어서기에 초월이지만, 그 초월이 결국은 인간의 존재와 내면으로 향해가는 것이기에 내재적이다. 넘어서면서 심층으로 나아가는 것, 그를 향해가는 과정 자체가 초월인 이중적 의미의 초월과 내재인 것이다. 이를 개념화한다면 내재적 초월이라 규정할 수 있기에, 해석학의 철학은 결국 내재적 초월성의 학문이라 말하는 것이다.

관념론 이후의 철학 체계 안에서 니체는 플라톤 이래 존재자의 본질에 치중해온 전통을 거부한다. 이로써 그의 철학은 본질 개념으로 상정된 초월 세계의 해체와 해체철학의 방향을 결정짓는 데 결정적으로 기여하게 된다. 그가 말하는 최고 가치들의 가치 절하와 신의 죽음에 대한 담론은 이런 맥락에서 이해된다. 니체 이후의 철학적 흐름은 본질철학과 해체주의 사이의 해석학적 철학으로 자리한다. 이런 철학적 전환이 본질과 초월 세계에 대한 거부에서 주어졌음에도 해석학의 철학은 결코 인간의 본성적 특성인 초월성을 거부하지 않는다. 다만 그 초월은 외재적 초월이 아니라 인간의 존재로 향하는 내재적 특성을 지닌다.

해석학적 사유는 우리의 현재에 바탕하여 초월적 본성과 기획을 정립하려 시도한다. 그러한 작업은 근대에 의해 틀지어진 세계 이해와 세계 체계를 극복하는 새로운 사유를 지향한다는 의미로 확장된다. 존재론적 초월은 세계 이해의 학적 지향성으로 이어진다. 여기에 방향 정립의 학문이라는 해석학의 특성이 지니는 이중적 의미가 자리한다. 해석학이 지식 이해의 패러다임을 새롭게 체계화하려는 까닭은 이렇게 지향하는 새로운 사유가 오직 변화된 지식 이해의 패러다임에서야 가능하기 때문이다. 그러한 변화 없이 이제 그 유효성이 다한 근대적 세계 체계는 결코 극복되지 않는다. 근대 철학에 의해 틀지어진 현대의 체계가 정치적 체계에서는 국민국가적 민주주의로, 지식과 학문에서는 과학주의로, 나아가 정치경제 체계에서는 자본주의로 정립된 것은 이미 너무도 잘 아는 바와 같다. 그런 체계를 극복하는 사유는 결국 변화된 지식 이해에서야 가능하다는 자각이 이러한 작업을 필요로 하는 것이다. 해석학의 존재론적 특성은 해석하는 행위의 결과에도 적용된다.

해석학의 초월성은 내재적이기에 그 지평은 '현재'라는 시간성에 자리한다. 해석학의 역사성은 존재 이해가 나아가고, 그것이 다시금 근원으로 회귀하는 순환 과정을 지닌다. 이것은 영향사에서 보듯이 미래를 선취하는 것이며 선취된 미래의 현재화를 통해 과거를 해석하는 현재화 과정이다. 해석학적 순환은 초월성과 역사의 현재화를 의미하며, 그러기에 시간성으로서 현재에 자리한다. 하이데거에 의하면 사유는 존재의 역사적 주장, 또는 존재 부름에 역사적으로 말하는 응답이다. 그럼에도 그것은 "역사학이나 역사과학에 근거해 있는 것은 아니"며, 언어와 철학의 역사에 주어진 것을 해석학적으로 반성하는 것일 수도 없다.[22] 예감하는 사유는 "이미 벌써와 아직 아니" 사이에서 구원의 역사처럼 모든 것을 결단하는 존재 역사에 따라 이루어진다. 존재 역사는 시간이 중첩되고, 과거와 미래가 이중으로 교차하는 지금 여기에서 이루어지는 사건이다. 지금 여기로서의 현재는 해석학의 역사지평이다. 그것은 "존재 의미"에 의해 인간이 자신의 존재 가능성을 이해하고 타자와의 관계를 변화시키는 방식이기도 하다.[23] 현재라는 지평은 나의 존재 가능성이며, 타자와 만나는 터전이며, 해석의 자리이다. 그것은 자신의 유한성을 넘어서면서도, 자신의 심연으로 내재하는 특성을 지닌다.

7

해체론적
해석학

1

철학의 변용과
해석학의 철학

니체의 죽음과 함께 시작된 20세기의 철학은 위기와 변화의 요구에 직면하고 있다. 위기는 1960년대 해체주의와 포스트모더니즘의 공세에서 보듯이 철학의 존재론적 근거 문제로까지 확산된다. '철학의 종말' 담론이 이를 극명하게 보여준다. 과학기술 시대와 산업 시대에 철학은 더 이상 변화된 세계를 해명하지 못한다는 인식이 철학을 위기로 몰아가고 있다. 철학의 위기는 다른 말로 인간의 세계 이해와 자기이해, 자기규정의 위기를 의미한다. 결국 철학의 위기 담론은 철학의 자기이해에 담긴 위기라 말할 수 있다. 이제 인간에게 필요한 지식은 과학이며, 기술과 자본의 논리가 인간 삶을 이끌어가는 가장 강력한 힘을 지니고 있다고 한다. 철학이 자리할 곳은 없으며, 이제껏 철학이 수행해오던

해체론적 해석학

세계 해석은 과학이나 자본에 맡겨졌다. 철학은 종말에 처했거나 죽음에 이르게 되었다. 자신의 죽음을 넘어서려는 철학은 예술과 언어에 대한 성찰을 통해 탈출구를 찾으려 한다. 또는 논리 분석학이나 문예학으로, 심지어는 문화 해석학이나 학문의 근거론으로까지 영역을 확대하면서 변화의 요구에 대응하려 한다. 그럼에도 그 모든 노력들은 여전히 철학의 본질에서부터 출발하여 철학을 정의하는 결실로 이어지지는 못하고 있다.

철학의 위기 문제에 담겨 있는 역사철학적 배경은 무엇보다도 데카르트 이래의 근대 철학의 문제에서 비롯되었다. 근대 철학은 중세까지의 존재론을 인식론으로 전환시켰다. 이에 따라 합리주의와 경험론에서 시작된 철학은 칸트의 통합 노력에 이르기까지 궁극적으로 서구 철학을 인식 이성에 따른 '합리성'의 원리에 따라 규정한다. 그럼에도 이러한 철학은 근본적인 인식 이성의 한계를 넘어서지 못함으로써 존재 의미를 존재자의 영역으로 축소시키게 된다. 존재자의 본질에 대한 질문은 과학이 답하고 있으며, 인간과의 관계맺음을 통해 사물 존재자를 해석하는 힘은 기술과 자본이 장악하고 있다. 철학이 말하던 존재 의미는 억압되거나 배제되고 있다. 누구도 존재자의 존재에 대해 말하려 하지 않는다. 인간은 존재에서 소외되어 다만 존재자의 영역에 머물게 되었다. 세계는 거대한 허무의 심연에 빠져 허덕일 뿐이다.

이에 대한 비판이 니체에서 비롯되었다면, 그에 대한 극복의 노력 가운데 하나를 하이데거의 존재론과 그에 힘입은 해석학의 철학이라고 이해할 수 있다. 그에 비해 대안 없는 해체의 시도에 그친 급진적 포스트모더니즘 철학은 현대의 생활세계를 해석하고 이해하는 체계를 제시하는 데 실패했다. 이러한 허무주의적 세계와 직면하면서 이 세계를 해명하고 우리 존재 전체를 수용할 새로운 사유는 어디에서 가능한 것일까.

여기에 해체주의의 긍정적 사유 동인과의 대화를 모색하는 해석학적 작업은 존재에 대한 이해에 근거하여 세계와 이성의 문제를 비롯한 철학의 근본 문제들을 해명하는 데로 나아갈 수 있을까. 그것은 근대의 형이상학은 물론, 근대 인식론 철학과 인식 이성, 도구적 이성의 한계를 넘어서는 철학을 말한다. 이런 바탕 위에서 존재해석학은 존재 망각의 역사를 초극하는 사유, 존재 드러남에 바탕하여 철학을 규정하고, 그에 따라 철학적 작업을 수행하려는 노력을 이어갈 수 있을까. 위기와 변용에의 요구가 현대 철학에 당면한 언어이다. 지금은 새로운 사유를 모색하며, 이를 위한 사유의 체계를 찾으려는 철학적 노력이 해석학적 존재인 인간에게 절실히 다가오고 있다.

니체와 하이데거 철학의 영향하에 대두된 후기 구조주의 철학은 해석학을 서구 본질주의 철학과 실체론에 대한 해체로 이해하며, 해체 이후의 철학적 공간을 해석학의 원리로 이해하는 조류를 떠올리게 했다. 그것은 현재적 사유를 위한 해체와 재구성에 있으며, 이를 위한 해석학적 철학의 정립을 의미한다. 이런 조류는 1960년대 이후 철학에서 거론된 언어학적 전환과 밀접히 연관된다. 언어학적 전환은 해석학의 역사를 문헌 해석학에서 이해의 해석학으로 바꿔놓았다. 텍스트에 대한 이해는 쓰여진 글만이 아니라, 사건과 경험지평, 작품을 말하거나, 심지어 인간과 자연을 아우르기도 하며, 궁극적으로 세계와 존재에 관계하게 된다.

이러한 노력은 우선은 해체론적인 해석학의 경향으로 나타난다. 여기에는 무엇보다 바티모의 약한 사유의 해석학[1]과 로티의 교화 철학과 해석학, 데리다J. Derrida에 의한 '로고스 중심주의'에 대한 비판과 해체 작업, 하이데거에 영향 받은 예술철학적 해석학을 거론할 수 있다. 이와는 별개로 의사소통적 이성과 생활세계의 담론을 위한 철학으로 해석학을 말하는 하버마스J. Habermas는 서구 이성의 원리에 충실하면서 미완성의 기획에 그친 계몽의 원리를 해석학적으로 이해하고 있다. 그래서 하버마스는 플라톤 이래의 주류 강단 철학에 대한 변화와 비판의 물결을 네 가지 사상의 복합체로 이해하며, 무엇보다도 중요한 경향으로 분석철학과 후설, 하이데거의 맥락에서 이해되는 현상학을 거론한다. 여기서 로티의 철학은 넓은 의미에서 '포스트-분석적 언어철학'의 맥락주의contextualism로 이해된다. 하버마스는 이러한 조류로 현대의 사유를 네 가지 동기, 즉 "형이상학 이후의 사유, 언어학적 전환, 이성의 상황에 따른 규정, 이성중심주의 극복"에 의해 틀이 잡혔다고 말한다.[2] 다른 한편 현상학적 해석학을 전개하는 폴 리쾨르나, 초월 해석학의 관점에서 철학의 변용을 말하는 아펠 등의 철학은 또 다른 관점에서 이런 문제와 대결하려 한다.

이 모든 논의의 관건은 결국 형이상학에 대한 담론이다. 이것은 하이데거가 말하는 "형이상학의 초극"과 같은 문제의 지평에 놓여 있다고도 할 수 있다. 이러한 조류는 형이상학의 패러다임 변화로 이어진다. 우리가 지향하는 해체론적 해석학은 현대 문화와 사회체제를 틀지운 근대성의 체계를 초월적으로 극복하려는 동기에서 주어진다. 이것은 존재해석학과 해체주의 철학의 본래적 의도에 상응하는 것일 뿐 아니라, 이를 넘어 우리의 현재를 사유하는 새로움에 대한 강력한 존재론적 요구에 따른 것이기도 하다.

근대성이 초래한 현대의 허무주의적 상황을 극복하고 나아가 우리 존재를 타당하게 드러낼 사유는 해체론적 해석학에서 그 동인을 얻게 될 것이다. 이를 통해 새로운 사유의 경험과 이를 해명하는 체계를 형성할 때 우리는 세계와 실재를 새롭게 이해하

해체론적 해석학

고, 그에 따라 존재 이해를 받아들이게 될 것이다. 인간은 세계와 새롭게 관계맺고 그렇게 존재하게 된다. 존재론적 해석학은 이를 위한 사유지평을 해명하고자 한다. 형이상학은 근본적으로 존재자의 존재에 관한 학문이다. 존재자의 존재를 무엇으로 규정하든지 이에 관한 철학의 역사는 결국 형이상학의 역사이며, 해석학 역시 존재 이해에 관한 형이상학에 근거하여 정립될 것이다.

2

해석학적 철학의
세계 변용

존재 이해에 따라 수행되는 해석학은 변화된 시대상에 대한 해명을 포함한다. 해석학은 분명 실천적 학문이기도 하다. 해석학이 실천철학인 까닭을 가다머는 해석학의 작업이 존재 변화와 삶의 실천으로 이어지기 때문이라고 말한다.[3] 실천철학으로서의 해석학은 변화된 시대상에 대한 해명을 포함한다. 자본주의와 과학기술 시대의 인간이 세계를 이해하는 방식은 결코 농경 시대나 산업 시대의 세계 이해와 같을 수가 없다. 해석학이 존재론적이며 실천철학인 까닭은 이처럼 세계 이해의 변화에 따른 존재 이해의 변화를 해석학적으로 수용하여 존재의 실천적 측면과 연결하기 때문이다. 이 철학은 존재 이해의 변화에 따라 늘 스스로 변화하는 특성을 간직하고 있다. 해석학은 스스로를 늘 새롭

해체론적 해석학

게 자리매김한다. 이러한 해석학적 학문 수행에 따라 변화하는 지식은 다만 지식 형태에서의 변화만을 의미하는 것이 아니라, 지식의 패러다임 자체를 변화시킬 것이다.

그리스 철학에서는 이미 지식의 다양한 형태를 구분하였다. 인지적 지식에 관계되는 '에피스테메$_{episteme}$'를 실천적 행위인 '테크네$_{techne}$'와 구별하였으며, 이와 별개로 무언가를 관조하는 행위 $_{theoria}$를 실천적 지식$_{phronesis}$과 구분하기도 했다. 이러한 다양한 지식에 대한 이해가 17세기 근대 철학 이후 과학적 학문이 나타나면서 객체적 대상에 대한 일면적 지식으로 규정되기에 이른다. 근대의 철학이 이성을 중심으로 한 인식론의 학문이었다면, 그러한 지식 형태의 변화와 발전은 필연적으로 과학$_{science}$이라 부르는 학문을 태동시켰다.

수학적 세계관과 실체론적 철학에 근거하여 객체적으로 존재하는 사물에서 인간의 주관과 독립된, 객관적 지식을 추론하는 학문이 바로 그것이다. 이러한 학문은 무엇보다 먼저 자연적 사물에 대한 지식으로 발전하면서 이른바 자연과학을 가능하게 했다. 데카르트의 기하학적 방법론에 기초한 철학과 베이컨 이래의 신학문「신기관」의 철학이 그후 뉴턴J. Newton에 이르러 자연에 대한 새로운 지식을 창출하는 체계로 형성되었다. 이렇게 자연 사물에서 지식을 얻는 새로운 학문이 자연과학이다.

이 자연과학은 현대에 이르러 모든 지식의 준거로 작동하면서 진리 주장을 독점하고 있다. 문명의 역사에서 보듯, 기술의 발달에서도 과학적 지식이 인간의 역사와 함께 시작한 듯이 흔히들 생각하지만, 기술과 과학은 그 외연에서는 밀접히 연결되지만, 철학적 관점에서는 결코 동일한 세계관을 지닌 체계는 아니다. 기술이 경험과 관찰을 통해 어쩌면 우연히 찾아낸 방법론이었다면, 과학은 사물 존재자를 바라보는 관점이 실체주의substance적이며 인식론적 철학으로 정향된 새로운 학적 세계관이다. 이 과학의 지식이 기술적으로 적용되면서 오늘날 인류는 그 어느 때보다 더 찬란한 기술문명의 혜택을 누리고 있다.

해석학은 실체론과 현전現前 형이상학을 넘어선다. 현전 형이상학이라 이름하는 까닭은 형이상학이 존재를 마치 현재 눈앞에 존재하는 사물처럼 받아들여 이를 실재하는 존재자로 규정하는 철학의 경향을 통칭하기 위함이다. 현전이란 현재 우리 앞에 있다는 뜻이다. 하이데거는 사물을 눈앞에 존재하는 것처럼 다루는 철학을 비판하면서 사물은 도구처럼 쓰이기도 한다고 말한다. 이때의 사물은 우리가 그 사물을 사용하는 과정에서 인식론적으로는 감추어지지만, 존재적으로는 우리와 함께 한다고 말한다. 사물은 이처럼 사물 존재자와 도구 존재자라는 두 가지 형태로 존재할 수 있다. 전통 철학은 있는 사물을 다만 인식론적 관점

해체론적 해석학

에서 인지하고 그에 따라 그 존재자의 본질을 해명하려 한다.

진리는 존재와 세계가 드러나는 것이다. 언어와 예술이 작품을 통해 하나의 세계를 드러낸다면 그때 존재가 드러나는 것이며, 그것이 바로 존재론적 진리이다. 그러기에 해석학은 언어와 예술적 행위이기도 하다. 해석이란 하이데거에서는 하나의 텍스트를 분석하는 것이 아니다. 그것은 존재와 세계의 드러남 그대로 현존재의 존재 이해에 기반하는 이해를 의미한다. 존재 의미를 드러내는 해석은 인식론적이거나 자연과학적 지식과는 분명히 구별된다. 빛에 대한 지식을 생각해보자. 물리학자들은 광학 이론을 통해 빛을 설명할 것이다. 입자와 파동, 또는 전자기적 복사열 등의 이론이 그것이다. 그럼에도 인간의 실존과 관계되어 체험하는 빛은 어떤 것일까? 눈부시게 아름다운 햇빛을 통해 새롭게 세상을 바라보게 되는 사람의 경우나, 생명을 살리는 빛은 어떻게 설명할 수 있는가. 빛이 없다면 꽃도 있을 수 없다. 꽃이 없는 세상에서 아름다움과 신비로움은, 의미와 진리는 어떻게 자리할 수 있을까. 이것은 객관적인 빛이 아니라고 말할 것이며, 빛에 대한 지식과 무관하다고 말할는지 모른다. 그럴 것이다. 그러나 진리와 의미에 대해, 해석에 대해 말하는 철학은 빛의 이런 특성을 해명하고자 한다. 해석학의 철학은 빛에 대한 객관적 지식을 넘어 그것이 주는 존재론적 의미에 대해 발언한다.

해체주의는 전통 형이상학의 이원론적 구조를 거부한다. 인간과 사물을 본질과 실존 도식으로 설명하는 체계 역시 거부한다. 이원론적 구조는 결국 일원성의 철학으로 귀결될 수밖에 없다. 인간을 본질과 실존으로 설명하는 체계 역시 인간의 현존재적 실존을 본질에 귀속된, 잠정적이며 극복되어야 할 것으로 설정한다. 해석학의 철학은 해체론의 작업을 통해 새로운 사유로 도약할 것이며, 해체주의의 내용 없음 역시 해석학을 통해 의미론과 진리 이해의 체계로 나아갈 수 있을 것이다. 진리와 본질을 해체하려는 노력에만 머무를 때 해체주의가 제시할 진리 내용은 공허할 수밖에 없다. 인간을 억압하거나 제약하는 진리, 인간의 자유로운 정신과 실존을 통제하는 기제로 작동하는 이념적 진리를 거부하고, 그 억압에서 벗어나야 한다면 해체주의의 내용 없음을 넘어서는 철학이 필요하다.

해체론적 해석학은 그 길을 열어줄 것이다. 해체론적 해석학이 지향하는 바를 이해할 때 이 철학은 현대의 사유로 자리할 수 있게 된다. 이렇게 해석하는 사유는 새로움을 창출하기에 그것은 철학사에 대한 지식이거나 이론적 이해를 넘어선다. 철학은 결코 철학사에 대한 지식이거나 철학 이론에 대한 설명에 머무르지 않기 때문이다. 철학은 다가올 존재 사유를 현재에서 새롭게 열어가는 체계이다.

해석학이 해체주의와 만나는 지점은 여기에 있다. 실체론적 형이상학과 본질 형이상학을 해체함으로써 해석학의 철학은 현재의 철학으로 자리할 수 있게 된다. 그럴 때 우리는 유럽 철학의 흐름인 인식론의 철학과 실용주의 철학의 존재론적 무의미함을 벗어나게 된다. 사물을 사물이게 하는 본질과 실체를 설정할 때 그 철학에 근거한 인식 체계는 결국 사물을 소유하는 실용주의적 문화로 귀결된다. 해석학은 이런 객체주의적 철학을 넘어서 있다. 또한 철학이 선험적 이념으로 작동하는 인식의 폭력 역시 이런 철학에서야 거부할 수 있게 된다. 사물에 대한 객체적 지식을 설명하는 학문과 의미를 묻는 이해적 학문이 자연과학과 철학으로 구분되었다면 문화학이나 사회학 등 다른 영역의 학문에서 지식은 어떤 형태로 드러나는 것일까. 사회 현상에 대한 객체적 지식이란 무엇을 말하는가. 그 의미에 대한 이해와 해석 없이 객체적 지식은 우리에게 무엇을 말할 수 있을까. 그에 대한 새로운 사유가 해석학의 철학을 통해 열릴 것이다.

해석학의 대상이 되는 텍스트는 결코 선험적으로 주어진 것이 아니기에 거듭 그때마다 새롭게 해석되어야 한다. 그 해석은 현재의 철학이며, 그 현재는 또한 역사적이기도 하다. 해석학의 역사성은 기록된 해석학의 역사가 아니라 현재와 현재의 새로움을 해명하는 역사 성찰에서 주어진다. 생물학적 존재인 인간은 세계를 객관적이거나 중립적으로 묘사할 언어를 지니고 있지 못하다. 과학적 지식이 사유와 해석의 철학을 극복하고 이를 인지 가능한 지식으로 제시할 것이라는 믿음은 망상에 지나지 않는다. 문헌과 텍스트에 대한 해석에서 출발했던 철학적 해석학은 오늘날 인간 존재에 바탕한 해석학의 철학으로 전환되기에 이르렀다.

또한 현대의 철학은 니체에서 보듯이 플라톤주의와 그에 기반한 본질주의적 관념론의 철학에 대한 비판과 해체의 노력에서, 나아가 인식론으로 완성에 이른 과학주의적 철학을 극복하기 위한 작업으로 이어진다. 그래서 해석학의 철학은 슐라이어마허와 딜타이적 해석학을 넘어 니체와 하이데거의 철학에서 동인을 받으며, 해체주의 철학과 만나면서 새롭게 전환하며 발전하고 있다. 해석학은 해체주의적 관점을 필요로 한다. 이 두 철학적 흐름은 결코 대립되는 관계에 있지 않다. 오히려 해체론적 해석학이라 말하는 것이 더 정확한 표현일지도 모른다. 해체 작업을 통해 선험적으로 주어진 본질과 실체주의를 벗어날 수 있을 때 해석은 감춤과 드러냄의 이중적 행위를 수행할 수 있게 된다. 진리는 즐겨 자신을 감춘다. 그럼에도 그 감춤을 통해 진리가 드러난다. 또한 드러남은 다른 한편 무엇인가를 감추기도 한다. 감춤과 드러냄은 인간 행위의 본질적 특성이다.

3

해체론적 동기

해체론과 해석학의 사유 동기는 원천적으로 니체에서 찾을 수 있다. 「즐거운 학문」에서 니체는 앎을 사랑하는 자가 반드시 길러야 할 사유 능력과 그에 따른 지식을 제시한다. 이러한 해석학적 지식을 통해 자신의 존재를 변화시키고 자기 극복을 달성하는 데 철학적 사유의 목적이 있다. 그는 힘에의 의지를 다른 한편으로는 해석학적 관점을 설정하는 힘이라고 부르기도 한다. "진리를 전복하고 모든 생명의 근본 조건인 관점주의에 따른 힘"이 바로 그것이다. 그래서 니체는 전통적 형이상학자들을 사이비 철학자로 부르면서 이들이 현실에서 바라보는 허무주의를 넘어 "생동하는 생명을 갈망하는" 사유하는 사람들은 "관점적인" 태도와 "삶의 관점주의적 시각"(「선악의 피안」)을 지녀야 한다고 말한다. 이는 형이상학자들이 지닌 진리에의 의지 대신 생명과 힘에의 의지에 따른 것이다. 생명체인 인간은 관점이라는 기본적인 조건을 떠날 수가 없다. 심지어 물리학자조차 자연 원리를 발굴하는 것이 아니라 해명하고 있다. 인간이 지닌 힘에의 의지는 이러한 생명의 관점을 설정하는 힘을 의미한다.[4] 그 의지가 생명체로서 인간이 자아 외부의 것을 자신의 관점에 따라 해석하여 수용하는 행위를 가능하게 한다. 이러한 행위가 없다면 인간이라는 유기체는 불가능하며 생명체로서의 삶은 물론, 삶이 이어지는 변화와 생성, 자기초극도 불가능하다.

니체는 "사실이란 존재하지 않고 오직 해석만이 있을 뿐"이라고 말한다. 해석의 생성과 "생성에 존재의 성격을 부여하는 것, 그것이 최상의 힘에의 의지"이다(『힘에의 의지』). 그래서 우리는 해석의 크기야말로 우리가 이해하는 세계의 크기이며, 해석적 사유를 통해 드러나는 사물이 우리에게는 그 사물로 존재한다는 사실을 인정해야 한다. "자기 날개로 자기의 하늘을 날아가는" 차라투스트라는 삶의 의지와 힘을 매 순간 해석하는 행위를 통해 드러낸다. 그때의 지식은 삶의 의지에서 생겨난 것이다. 그 지식은 인간 존재의 실존적 상황과 존재 의미에 의해 해석되고 수용된 앎이며 힘이기 때문이다. 이 과정은 본질적으로 해석학적이기에, 생명체로서의 인간에게 해석이란 그의 존재를 위해

해체론적 해석학

필연적일 수밖에 없다. 해석은 인간의 의지적 행위이며, 세계 해명의 방식은 해석에 의한다. 이때의 해석학은 삶과 생명의 힘에 따른 것이기에 인식론적 학문을 넘어서며, 그에 기반한 실체론적 형이상학을 폐기한다. 해석학의 형이상학은 생성의 형이상학이며, 본질주의적 형이상학을 넘어서는 생성의 형이상학을 위한 철학은 해석학적일 수밖에 없다.

해체는 존재 역사에 대한 것이며, 존재 망각의 역사를 해체하는 것이다. 현재의 해석학은 그 자체로 해체적이다. 존재자에 대한 지식을 해체하며 현재 눈앞에 자리하는 것으로 이해를 끊임없이 해체하고 재구성함으로써 거듭 새롭게 해석하는 과정이 해체론적 해석학의 작업이다. 해석은 차이를 생성함으로써 끊임없이 새로움을 창출하는 과정이다. 차이를 통한 새로운 사유의 생성 과정은 해체론적 해석학에 의해 가능하다. 해석은 본질적으로 해체와 재구성, 창조의 과정이다. 그 창조는 시간이 상호작용하는 현재에 자리하며, 해석학은 그를 위한 생성에 기여한다. 가다머는 다른 것을 사유하는 이해의 해석학에 대해 말한다. 이해는 자기와 타자에 대한 이해다. 여기서 말하는 타자란 다른 것을 사유하는 것이며 달리 사유하는 것으로 이해할 수 있다. 이 다름을 사유하는 것이 현재의 해석학일 것이다. 이러한 해석학은 전통 형이상학을 넘어 근대 이후의 사유 체계를 형성한다. 그러기에 해체론과 만나는 해석학은 다만 사유의 다른 형태가 아니라 존재 역사적인 결과물이며, 현재의 문화적 자리를 진지하게 수용하는 철학이다.

해석학은 인간이 지닌 모든 선험적 지식의 근거로 설정된 신의 죽음 이후의 철학적 사유를 대변한다. 그것은 이렇게 설정된 실체론적 신을 통해 세상의 허무함을 극복하려 했던 철학이야말로 진정 세계를 허무주의로 함몰시킨다는 뼈저린 반성에 따른 것이다. 이때의 해석학은 해체론적 사유를 근거짓는 철학이다. 인간은 이제 우주론적으로 표상되어 세계의 선험적 근거로 기능하던 신을 넘어서려 한다. 그러한 신이야말로 실은 인간으로 하여금 허무의 그림자를 물질에 대한 숭배로 대신하게 하는 '우상의 황혼'일 뿐이다. 이제 인간은 이러한 우상의 황혼을 넘어 전혀 새로운 해체론적 신을 상상하게 된다. 그러한 해체론적 해석학은 다가오는 신에 대한 사유이며, 스스로를 이해함으로써 자신의 존재를 규정하는 인간 본성의 사유에 근거한 철학이다.

하늘 아래 새로운 것은 없으며, 이 세상은 모두 헛되다. 『구약성서』의 말처럼 "헛되고 헛되다 세상만사 헛되다. …… 하늘 아래 새 것이 있을 리 없다."(『전도서』 1장) 그러기에 허무주의nihilism는 한편으로 이 헛됨을 지나 모든 것의 최종 근거인 신에게로 돌아갈 때만이 진정한 의미를 찾을 수 있다고 말한다. 그러나 다른

251

해체론적 해석학

한편 모든 것의 최종 근거로 설정된 신의 존재가 부정될 때 주어지는 절대적인 허무주의는 어떠한가. 그럴 때 우리는 어디서 의미를 찾을 수 있을까? 아니 의미를 찾는다는 말조차 무의미한 언설에 지나지 않을 것이다. 이런 절대적 허무주의에서 일상의 삶을 빛나게 만드는 체험, 삶의 매 순간마다 체험하는 성스러움을 통해 이러한 허무주의 자체를 문제시하지 않을 수도 있지 않을까.

허무주의는 자신 안에 있는 허무를 허무하기에 받아들이는 만큼, 그 허무를 직시할 때에야 허무주의를 넘어설 수 있을 것이다. 허무는 인간이 지닌 자기모순에서 비롯한다. 이것은 오직 생명에의 의지, 힘에의 의지로 넘어설 수 있을 뿐이다. 여기에 삶의 해석학이 의미를 지니고 자리 잡을 수 있다. 허무주의는 결코 인간을 넘어서는 저 피안의 세계에 대한 희망으로 극복할 수 있는 것이 아니다. 그것은 다만 허무함을 연장하는 데 지나지 않는다. 그것은 실체론적 망상으로 세상의 비어 있음을 보지 못하게 하며, 세상의 본질적 허무를 현혹할 뿐이다.

일상의 순간은 영혼의 아름다움을 되새기는 시간이다. 그 시간을 빛나는 순간으로 만들어가는 것은 성스러움에 대한 체험이며 초월적 해석의 순간에 주어진다. 이런 생각을 마치 무슨 경건한 종교적 체험으로 받아들이는 것은 전적인 오해다. 오히려 경건한 체험을 표현하기 위해 수많은 종교적 형태가 나타나는 것이다. 인간은 본질적으로 자신의 존재를 드높이는 성스러움과 아름다움을 체험하고 이를 표현하는 존재다. 이를 통해 존재적 허무주의를 넘어서는 데 현재의 해석학적 철학이 지니는 근본적 의미가 자리한다. 니체적 해석학과 초월적 해석의 철학은 결국 인간으로 하여금 허무주의를 넘어서게 하는 새로운 사유와 지식의 작업으로 이어질 것이다.

4 탈형이상학적 성격

해체론과 해석학은 전통적 이성 개념을 문제시한다. 유럽 철학의 전통은 인간이 지닌 어떤 이해 능력을 이성로고스logos와 누스nous으로 개념화했다. 이 이성은 사물을 인지하고 지각하는 능력이기도 하지만, 존재 의미를 성찰하고 이해하는 능력은 물론, 심지어 초월적 영역, 예를 들어 신적 본성이나 영혼의 문제, 죽음 이후의 문제에 대해 이해할 수 있는 능력이기도 하다. 이러한 이성 개념이 근대 철학으로 이어지면서 점차 인간의 주체적 능력으로 한정되고 인식론적으로 제한되기에 이르렀다. 즉 이성의 폭넓은 의미가 주체와 대비되는 객체, 인간 외부에 사물처럼 있는 모든 존재자를 지각하고 인지하는 능력으로 좁혀지고, 그렇게 일면화되었다. 이것을 철학사에서는 흔히 인식 이성이라 부른다. 이러한 이성에 의해 설정된 존재자에 대한 인식적 사유가 근대 이래의 철학에 담긴 특성이라고 말할 수 있다. 이 인식론과 인식 이성에 대한 비판은 이미 니체를 비롯하여 프랑크푸르트학파의 아도르노Th. Adorno, 호르크하이머M. Horckheimer 등에서 체계적으로 제시되었다.

인간의 지성적 능력인 이성은 결코 사물을 인지하는 인식 이성뿐 아니라 성찰적 이성이며 존재론적 이성이기도 하다. 또한 계몽 이성에 대한 비판을 넘어 관점주의적 태도를 취하는 니체의 철학에서는 이를 해석적 이성으로 간주할 수도 있다.[5] 인식 활동 역시 특정한 해석의 방식 가운데 하나다. 해석학은 이성 중심의 철학을 넘어선다. 이때의 이성은 인간의 존재와 본성에서 유래하는 총체적이며 통합적 지성을 의미한다. 그것은 일면적 인식 이성을 넘어서는 존재 이성이며, 다른 한편 역사적 이성이기도 하다. 해석학적 이성은 인간의 생명과 존재 전체에서 드러나는 것이며, 자신의 역사 과정에서 형성된 삶에서 드러나는 이성이다.

같은 맥락에서 하이데거는 새로운 사유는 전통 철학과 인식론의 기반이 되었던 이성을 가장 "완강한 적대자"로 경험하게 될 때에야 비로소 시작된다고 말한다.[6] 그러기에 "다가올 사유는 더 이상 철학이 아니"라고 한다. 그 까닭은 다가올 사유는 전통 철학과는 달리 더 근원적으로 사유하기 때문이다. 이 말은 "새로운 종

해체론적 해석학

류의 철학자들"이 도래하기를 기다리는 니체에서 보듯이 다가오는 새로운 사유에 대한 철학이다.[7] 이 사유는 존재의 언어로 말하며, 자신의 말함을 통해 마치 농부가 들녘에 보이지 않는 고랑을 만드는 것과 같다고 한다.[8] 들길의 사유는 농부가 아침 햇살과 함께 들길을 걸으며 숨겨진 자연의 소리를 듣는 사유를 가리킨다.[9] '자연의 소리를 듣는다'는 다소 시적인 표현으로 하이데거가 하려는 이야기는 전적으로 해석학적 철학과 상응한다. 그는 인간을 존재를 드러내고 지키는 목자에 비유하거나, 존재의 소리를 듣는 현존재라고 표현하기도 한다. 이 모두는 결국 인간이 존재하는 사물을 있게 하는 사유의 행위를 은유적으로 드러낸 말이다.

해체론적 해석학은 전통 형이상학의 죽음을 선언하지만 새로운 사유는 아직 다가오지 않았기에 이를 감내할 수밖에 없는 시대의 형이상학에 자리한다. 그것을 우리는 탈형이상학이라 이름 붙였다. 탈형이상학은 유럽 철학자들이 말하듯이 전통 형이상학을 거부하거나, 아예 형이상학적 지평을 포기하는 사유를 가리키지 않는다. 아쉽게도 현대의 많은 철학자들이 탈형이상학이라는 말을 이런 관점에서 사용하고 있다. 그러나 이는 명백한 오류이거나 무지의 산물이다. 인간은 그 자체로 초월적 존재이며 자신의 한계를 넘어서는 영역을 필요로 할 뿐 아니라, 그 너머의 세계를 지향하는 존재이다. 그 너머의 세계가 저 우주 바깥의 어느 피안을 가리키는 것이 아니기에 그 초월적 영역 역시 나를 떠난 어떤 것이 아니다. 오히려 이 초월은 우리 존재의 가장 내밀한 영역을 향해 가기에 철저히 내재적이다.

탈형이상학이란 철학사적으로는 2,500년 넘게 이어져온 철학적 사유의 형이상학적 전통을 감내하면서 다른 한편 철저히 형이상학적 존재인 인간의 본성을 진지하게 수용하는 형이상학이다. 탈형이상학$_{postmetaphysics}$의 전철 "post"는 반대$_{anti-}$나 이후$_{after-}$가 아니라 감내하며 극복한다는$_{trans-}$ 의미를 지닌다. 그것은 유럽 철학적 형이상학만이 아니라 이제는 더 이상 유효하지 않지만 그럼에도 여전히 우리 안에 남아 있는 동아시아의 형이상학적 사유까지도 포괄한다. 해체론적 해석학은 탈형이상학에 의한, 탈형이상학의 철학을 가리킨다. 또한 방법론적인 관점에서 말한다면 그것은 탈형이상학을 위한 사유이기도 하다. 해석학의 철학은 숱한 자기 극복의 과정을 거쳐 자신의 존재를 내재적으로 초월하는 철학적 사유이다.

현재의 철학적 지형에서 해석학과 해체주의가 서로 만남으로써 어떤 명확한 철학적 결론을 도출하거나 탈형이상학적 사유 모형을 창출하지는 못했다. 그럼에도 본질주의를 넘어 생성의 사유로 나아가며, 동일성을 넘어 차이를 사유하게 된 것은 전적으로 이 철학에 의해 가능해진 것이 사실이다. 그 관점에서 볼

해체론적 해석학

때 철학을 언어 분석으로 이해하거나, 과학으로 귀결된 근대 학문에 대한 반성으로 설정하는 노력은 철학의 근거를 스스로 포기하는 행위에 지나지 않는다. 여기에 베르트람G.W. Bertram은 해석학의 철학과 해체주의가 예술철학과 언어철학으로 전환하게 된 철학적 원인이 있다고 말한다. 이런 관점에서 해석학의 철학은 철학사적 맥락에서 형이상학 이후의 사유, 탈형이상학적 사유의 지평에서야 올바르게 이해될 것이다. 여기에 현대 철학에서 해석학의 철학이 지니는 의미가 자리한다.

철학이 그 고유한 특성에 따라서 자신을 현재화하려 한다면, 그 철학은 해석학적 철학으로 자신을 규정하게 될 것이다. 역사의 현실에 근거하지 않은 철학은 공허하지만, 그것에만 매여 있을 때 그 철학은 의미를 지니지 못한다. 성찰과 해석을 통해 새롭게 변용되지 못하는 철학은 맹목적이며, 역사의 현실을 도외시한다면 공허해질 것이다. 해석은 의미를 드러내지만, 그 순간 드러나지 않는 의미는 그만큼 감추어지게 된다. 드러낸 것과 감추어진 것은 진리사건에 함께 속한다. 그러기에 해석은 드러내면서 감추는 역사적 과정이다. 드러내면서 감추는 해석의 과정은 한편으로 해체하면서 새롭게 설립하는 길이다. 이처럼 해석의 과정은 해체하면서 재구성하는 과정이며, 역사를 통해 새롭게 이해해가는 과정으로 규정되어야 할 것이다.

5 인간학적 성격

해석학은 인간의 유한성에 대한 대답으로 주어졌다. 인간은 유한한 존재이며 한계와 모순을 지닌 존재이기에 그의 진리는 온전하게 드러날 수 없으며, 인간은 결코 진리에 올바르게 관계할 수도 없다. 인간은 언제나 이해되고 해석된 진리에 관계할 뿐이다. 의미 드러남의 기술로서 해석학은 이해에 대한 해석의 필요성에 상응하여 해석학적 의식으로 구성된다. 그래서 오늘날 해석학은 더 이상 '해석의 기술'이거나 방법적 반성을 위한 보조 학문일 수가 없다. 철학적 해석학은 결국 해석학적 철학을 지향한다. 그 철학은 새로운 관점에 따른 철학이며, 인간과 세계, 있음과 삶을 새롭게 드러내는 사유의 해석학이다. 해석학의 철학은 의미 생성과 의미 이해, 의미 해석이라는 특성에서 이해되며,

이러한 의미 행위를 통해 인간은 세계관계성과 자기관계성 모두에 관여하게 된다. 그러기에 해석의 갈등은 인간 이해의 갈등이며, 이것은 궁극적으로 인간 존재의 모순과 한계에서 초래되는 존재론적 갈등이다. 해석학은 인간 조건의 한계성을 진지하게 수용하면서 이루어가는 성찰의 과정이다. 이해의 앞선 구조 역시 인간 이해의 가능성이 지니는 내적 한계에 따른 것이다. 그래서 하이데거는 이러한 실존성에 처한 인간의 이해란 객체적 대상에 대한 인식 이론이 아니라, 인간의 성찰적 존재 방식에 따른 것으로 이해한다. 그러기에 현사실성의 해석학은 분절되고 열어 밝혀진 해명하는 실존의 완성이며, 그것의 규정된 통일성을 의미한다.

하이데거의 존재 탈취 도식은 해석학의 기호 안에 담긴 현대의 사유를 보여준다. 그것은 근대 형이상학의 강한 사유, 초월성과 근원성을 매몰시킨 기술공학의 실체론적 형이상학에서 존재의 소리를 듣는, 결여태로서의 진리에 대한 담론이다. 실체론적 진리, 객체적 진리를 상정하는 근대적 철학에 맞서 바티모는 현재의 철학적 상황을 그리스도교의 세속화에 따른 결과라고 생각한다. 그러기에 그가 제시하는 탈근대의 철학은 초월성의 약화와 결부된 인간 생성을 '자기비움kenosis'의 이념으로 해소해간다.[10] 이런 생각은 초월성을 실제 세계를 초월한 실체론적 사고에 바탕할 때는 결코 가능하지 않다. 초월성을 실제 세계를 해체하는 생성으로 이해할 때, 이런 생각은 사물 세계에 매몰된 현대 문화를 극복할 철학으로 작용할 것이다. 그에 따라 해석학적 인간 이해 역시 초월성의 존재로 정의할 수 있게 된다. 해체하는 생성을 내재화하는 인간은 스스로를 비워가면서 이를 수행한다. 그러기에 자기비움 없이 우리에게 새로운 사유란 가능하지 않다. 해석학의 철학은 새로운 사유를 위한 해석의 확장이며, 성찰 행위가 생성되는 과정으로 이어진다. 그것은 문제와 해석의 생성이며, 그에 따라 이해 행위를 되비추임reflexion으로써 인간 현존재의 이해 일반을 충족시켜가는 과정이다. 해석학의 철학은 이해의 원리, 의미의 한계와 해석학적 담론의 역사적 위치에 대한 논의를 넘어 인간의 근원적 존재성을 향한다. 그러기에 이런 해석학을 여기서는 존재해석학으로 정의했으며, 그 존재성을 객체적 초월을 넘어 내재적 초월성에 따라 규정하려는 것이다.

8

현재의 해석학

1.

흔히들 인간은 의미를 추구하는 존재라고 말한다. 과연 이 말은 사실일까. 우리 삶에는 의미 없음과 따분함, 반복되는 일상의 지겨움이 더 지배적이지 않은가? 이런 의문은 학문과 예술을 말하고, 삶을 살아가는 우리들에게는 결코 사라지지 않는 질문으로 다가온다. 『칼의 노래』의 저자 김훈의 말처럼 "밥벌이의 지겨움"이 동시대의 지배적인 정서가 아닐까. 이런 말을 하면 지금 당장 밥벌이가 문제되는 사람을 들먹이면서 쏟아내는 도덕적 비난을 감당해야 할지도 모른다. 그럼에도 묻고 싶은 것은 '무엇 때문에 인간은 의미 없는 삶을 살 수 없는 것일까'라는 질문이다. 인간은 왜 의미를 추구하는 것일까? 왜 무의미함과 일상의 반복, 진부

현재의 해석학

함에 지겨움과 따분함을 느끼는 것일까? 왜 분주하게 살아야 하며, 가치 있는 어떤 것을 만들어내고, 또 돈벌이를 하며 무엇인가를 성취해야 하는지 묻지 않을 수 없다. 일상의 범박함과 인습적으로 주어진 당위의 강박 사이에서 허덕이는 것이 우리의 실존적 모습이 아닐까. 사실 돌아보면 이런 생각은 그렇게 나쁜 것 같지는 않다. 어쩌면 당연한 듯이 여겨왔던 이러한 의미 추구, 가치 창조, 또는 효율적이며 보탬이 되는 삶과 그런 행동을 해야 한다는 강박이 역설적으로 우리를 무의미함과 지겨움, 또는 벗어날 수 없는 허무의 늪으로 빠지게 하는 것일지도 모르지 않는가.

슬로터다이크P. Sloterdijk는 자신의 저서 『냉소적 이성 비판』에서 하이데거 철학을 현대 사회의 문화적 상황에 미루어 새롭게 해석한다.[1] 그는 서구 근대의 세계가 이룩한 현대 문화는 근본적으로는 니힐리즘이 지배하는 시대라고 말한다. 이 시대를 이겨내는 인간의 실존은 "실존주의적 좌파, 신견유주의 좌파"적 태도에서 가능하며 이를 단적으로 "하이데거 식 좌파"라고 표현한다. 그것은 특정한 이념 구도에서의 좌파나 종북적 좌파가 아니라, 오히려 "물질주의적 전통을 수정하는 좌파"다. 실존주의적 좌파라는 말은, 인간은 실존적 존재로서 언제나 현실을 넘어서는 극복의 존재이며, 이에 따라 철학은 언제나 이런 과정에 있기에 진보적이며 좌파적이라는 뜻이다. 실존적 관점에서 끊임없이 새로움을 해석하려 하기에 좌파인 것이다.

이러한 주장을 통해 그는 객체화되고 물신화된 서구 문명, 계몽의 기획이 오히려 존재 의미를 매몰시키는 근대성의 역설을 극복할 계기를 주었다고 말한다. 우리 사회의 물질적 풍요로움과 과학기술의 성취는 문화적인 현란함을 보여주지만, 그 안에서는 헛된 권위와 물신풍조에 매몰된 현실이 자리하고 있다. 이것을 슬로터다이크는 허구와 허위의식으로 규정하면서 이를 해체하고 넘어설 냉소적 이성 비판을 전개한다. 냉소적 이성은 주어적이며 목적어적으로 읽힌다. 그것은 한편으로는 현대 문화를 냉소하는 이성이면서, 또한 냉소에 함몰되어 그 틀을 벗어나지 못하는 무의미를 냉소하는 이성이기도 하다.

그래서 그는 무의미의 의미를 냉소에서 찾는 해석학적 사유를 보여주려 한다. 이 시대는 물질적 풍요에도 불구하고 기업과 국가가 개인을 소외시키고, 근본적으로 허무함과 무의미가 난무하는 문화적 풍토로 가득찬 시간이다. 이 허무한 시대를 이겨내는 길은 이 시대를 냉소하는 길뿐이다. 존재의 진리와 의미를 해체한 그 빈자리에 오직 자본과 과학기술만이 흘러넘치는 시대, 과학과 생명공학이 인간 생명에 대한 진리주장을 전횡하는 시대, 생활세계는 이미 자본에 포획되고 자본이 존재의 원리가 된 시대에 존재론적 진리와 그를 위한 이성은 어디에서 의미를 지니

267

는 것일까. 어쩌면 자본과 과학기술이야말로 해체해야 할 무의미의 세계가 아닐까. 그와 함께 무의미의 헛된 권위가 허위의 세계를 만들어가고 있는 것은 아닌가.

의미가 부정되고 물신화物神化가 과잉으로 치닫는 시대, 이것들이 신의 자리를 대신하는 시대에 철학하는 우리는 과연 무엇을 할 수 있는 것일까. 이런 시대를 견디는 인간의 지성은 이를 냉소적으로 비웃는 것인지도 모른다. 넘어설 수 없는 거대한 허무의 심연을 마주할 때, 인간이 할 수 있는 일은 무엇인가. 슬로터다이크는 이런 과잉의 시대가 새로운 견유주의를 요구한다고 끊임없이 강조한다. 철학사적으로는 계몽주의의 기획이 작동하고 있으며, 이를 통해 학문은 과학·기술로, 인간의 삶과 생활세계는 자본주의로, 민주정이라 불리는 정치의 시대에 형성된 것이 현대 문화이다. 그러나 과학·기술은 진리를 다만 객체적 대상으로만 간주하여 의미론적 진리는 자리할 곳을 잃게 되었으며, 경제와 사회 체제를 규정하는 자본주의는 인간의 삶을 다만 자본의 크기로 바꾸어놓지 않았는가. 그에 따라 인간은 소비대중이 되거나 다중에 휩싸여 있으며, 그에 따라 우리 사회는 민주주의라는 이름의 우민주의로 흘러가고 있을 뿐이다. 이런 시대의 모순을 냉소적으로 읽어내는 냉소적 이성이야말로 이 시대의 실존성을 드러내고, 존재 의미를 찾으려는 인간의 대답이지 않을까.

우리의 현재는 이러한 냉소적 시대를 벗어나게 해줄 새로운 사유를 필요로 한다. 그것은 실존적으로 고찰하고 의식적으로 결단한 진정한 존재이며, "죽음을 향한 존재와 일상성을 대립시키려는 철학"을 수행하는 존재에 의한 사유다. 그런 사유를 펼쳐가는 인간은 삶의 현재에서 불가피하게 생겨나는 "모든 대립과 모순을 일치"시킨 뒤에야 가능한 "본래적인 존재의 성찰"을 만들어가는 존재다. 그는 허무의 늪에서 벗어나 무의미에서 의미를 찾아가며, 삶의 온갖 허위의식과 허구를 냉소적으로 비웃지만 그러한 냉소에 빠져 있지는 않는다. 그 존재는 결단하는 존재, 매 순간 존재의 의미를 드러내는 사람이며, 본래적 실존을 열정적으로 살아가는 가운데 자리하는 존재이기도 하다.

2.

칸트와 헤겔, 맑스와 하이데거의 철학은 그리스 철학과의 만남을 통해 독일적 언어와 역사 공동체의 경험을 해석해냈다. 이는 중세의 철학을 벗어나면서 독일어로 철학 작업을 전개한 볼프Ch. Wolff와 보편을 주장하는 가톨릭교회에 맞서 성서를 독일어로 번역한 루터M. Luther의 해석에서 그들의 철학과 표현으로 드러난다. 이렇게 시작된 그들의 철학은 인간으로서 지니는 보편성과 동일성에 자리하면서도 독일이라는 공동체의 경험과 역사, 언어 세계의 추체험과 해석을 담고 있다. 이 철학은 이후 초기 낭만주의를 거쳐 관념론으로 완성되며 이에 대한 반발이 니체와 하이데거로 이어진다. 여기에 역사와 언어의 경험에 따른 추체험과 이를 수용하고 해명하는 해석의 동일성과 차이가 자리한다.

프랑스 철학과 중국 철학에 대해서도 우리는 같은 이야기를 할 수 있다. 이러한 해석 행위에 담긴 동일성과 차이의 특성 때문에 우리는 그들의 철학을 하면서도 우리의 철학을 펼쳐갈 수 있는 것이다. 또한 한 공동체 내에서의 보편적 철학을 말하면서도 지극히 실존적이며 내밀한 해석의 차이를 담은 철학을 말하기도 한다. 해석학의 철학은 들뢰즈의 말처럼 끊임없는 탈영토화와 재영토화의 작업을 통해 보편적 철학과 차이의 철학으로 자리할 것이다. 해석학은 동일성과 차이의 원리에 자리한다. 그러기에 해석학의 철학은 이러한 원리에 따라 보편적 철학이면서 동시에 지금 여기에 존재하는 나와 너의 구체적이며 실존적인 차이의 철학으로 자리할 수 있는 것이다.

최근 회슬레V. Hösle는 과연 독일 정신과 철학이 가능한지, 가능하다면 어떤 관점과 지평에서 가능한지 물은 바 있다.[2] 이 질문과 대답의 노력은 우리에게도 여전히 과제로 다가온다. 철학을 해석학의 철학으로 정립하려는 까닭은 바로 여기에 있다. 철학은 철저히 공동의 존재[共存在]인 인간의 보편적이며 동일성에 자리한 사유 작업이면서 같은 무게와 크기로, 같은 시점에서 이루어지는 지극히 내밀하며 실존적인 나의 해석적 철학이기 때문이다. 이러한 존재인 인간은 이해와 해석의 작업을 벗어날 수 없으며, 그럴 때만이 인간으로 자리할 수 있다. 누구도 이 과제에서 자유롭지 못하다. 그러기에 인간은 본질적으로 철학하는 존재이며, 철학을 떠나 존재하지 못한다. 이 말이 철학자의 오만하고 자기중심적인 표현으로 받아들여지지 않기를 바란다. 여기서 말하는 철학은 체계로서, 학문으로서의 철학을 가리키는 것이 아니라, 인간의 본성에서 주어지는 이해와 해석의 작업을 가리킨다. 그러기에 철학은 철학이기도 하고 아니기도 하다.

3.

유럽 철학은 그리스 철학의 전승과 발전에 따른 결과이며 그리스도교와의 대결과 융합을 거쳐 완성에 이른 그들의 철학이다. 이러한 철학에 담긴 인간 본성의 보편성에 상응하는 철학의 깊이와 함께 근대 이래로 동아시아를 비롯한 세계의 체제를 결정하는 학문적 체계로 작동하기에 우리는 유럽 철학의 자장 내에 자리한다. 해석학의 철학은 이러한 유럽 철학의 독특함을 탈영토화하면서 우리의 철학적 지평 안으로 재영토화하는 작업을 수행한다. 이 과정에서 필요한 사유 작업을 펼쳐가는 현재의 철학이 바로 우리가 말하는 해석학의 철학이다. 그러기에 해석학은 근대를 극복하는 탈근대의 철학이며, 철저히 현재화하는 사유 작업으로 정립될 것이다.

현재란 다가올 현재이며 지나간 현재이기도 하다. 그것은 지나간 과거가 현재의 해석 행위를 통해 현재로 다가온다는 의미이며, 미래의 결단이 현재의 삶에 지속적으로 영향을 미치기에 지나간 현재라고 말하는 것이다. 우리의 현재는 역사와 언어를 공유하는 경험과 표현의 공동체에서 생겨나는 지금과 여기이며, 우리의 철학과 사유 작업이 이루어지는 터전이다. 여기서 말하는 "우리"라는 말은 어떤 민족적이거나 혈연 공동체를 말하는 것이 아니라 언어와 역사를 공유하는 데서 주어지는 표현이다. 이렇게 공유하는 것은 표현과 경험의 공유이지 그에 대한 해석과 추체험의 공유가 아니다. 해석과 추체험은 언제나 동일성과 차이에서 올바르게 드러난다. 동일성과 차이란 표현과 해석에 담긴 경험의 보편성과 함께 실존적 개인이 드러내는 해석의 차이를 말한다.

존재론적 해석학에 근거한 현재의 해석학은 일차적으로 해석하는 나의 존재론적 특성에 바탕한다. 그것은 하이데거의 말처럼 현존재의 해석학을 지향한다. 현존재는 자신의 이해 행위를 통해 존재를 드러내기에 그는 언제나 해석되어 있음이라는 특성을 지닌다. 이러한 인간의 존재 방식을 개념화한 말이 현존재이다. 현존재라는 말은 "지금 여기에 있음"으로 존재하기에 매 순간, 그때마다라는 시간성과 일상성을 지닌다. 현존재의 현재는 과거와 미래를 통합하여 지금 여기에서 현재화하는 그러한 시간이다. 과거는 지나가버림으로써 어쩔 수 없이 주어진 역사의 조각이 아니라, 현재에서 해석함으로써 끊임없이 현재로 침입해오는 지난 시간이다. 미래 역시 아직 다가오지 않아 전혀 결정되지 않은 불투명한 미지의 것이 아니라, 현재의 결단을 통해 방향지어지는 현재, 다가오는 현재이다. 시간의 이러한 의미론적 특성을 인간은 자신의 현존재적 해석학을 통해 끊임없이 현재화한다. 그러기에 해석학은 현존재의 존재론일 수밖에 없다.

현재의 해석학은 일상의 해석학적 철학이다. 일상의 순간은 우리 각자가 지닌 존재적 결단이 어디에 있는지를 보여준다. 일상적 시간은 존재 의미를 드러내는 순간의 연속이기도 하다. 일상의 사건은 우리에게 매 순간 어떤 모습으로 그러한 결단을 재현하는 해석의 순간을 요구한다. 그 순간은 우리가 어떠한 근본적 결단에 따라 일상의 사건과 타자를 어떻게 해석했는지를 재현하는 시간인 것이다. 일상이 성스러움과 빛나는 순간으로 드러날 수도 있고, 진부함에 찌들어 마치 쓰레기처럼 드러날 수도 있다. 매 순간은 존재 해석의 순간이며, 그 순간이 빛나거나 진부해지는 것은 전적으로 해석하는 나의 존재에 달려 있다.

철학은 일상의 해석으로 재현되며, 그 일상적 순간을 통해 우리는 그 사람의 존재론적 결단과 사유 체계를 이해할 수 있다. 일상은 존재 전체를 재현하고 드러내며, 존재 결단은 일상이 순간을 통해 끊임없이 새롭게 다져진다. 철학은 존재론적 결단에 따른 일상의 해석학이며, 드러남과 드러난 존재에 대한 이해를 수행한다. 니체가 말하는 관점이란 실체적으로 고정된 어떤 자리가 아니라, 존재의 결단에 따라 매 순간 해석하는 그 자리를 말한다. 그래서 관점주의 자체가 일종의 활동으로서 우리 모두 그것에 이미 참여하고 있고 또 참여해야만 한다는 사실을 상기시키고 있다. 그 참여는 바꾸어 말해 우리의 실존적 참여이며, 존재론적 참여를 의미한다. 나의 존재론적 참여 없이 어떠한 지식도 가능하지 않다.[3]

인간은 자신의 존재로 세계를 받아들일 능력을 키워간다. 삶의 과정은 이러한 해석의 과정과 같다. 이러한 해석의 능력은 어떤 지적인 능력처럼 점차 키워가는 것이 아니라 매 순간을 통해 새롭게 설정하며 끊임없는 생성 과정을 거치면서 다르게 드러나게 된다. 여기에 생성과 차이의 철학이 의미하는 바가 자리한다. 니체가 말하는 영원회귀란 피안의 세계가 아닌 이 세상에 삶의

해석학

중심을 두게 하는 철학이다. 그것은 이 세상을 허무로 보고 피안의 세계에 중심을 두는 기독교적 세계관이 아니라고 말한다. 그래서 그는 영원회귀를 통해 덧없는 내일, 피안의 허무에 대해 비판한다.[4] 생성과 차이는 영원회귀를 통해 삶의 과정 전체로 이어진다.

4.

위기란 "낡은 것은 죽어가는 데 새로운 것은 태어나지 않은 상황"이라는 그람시A. Gramsci의 말처럼 현대 철학의 위기는 위기를 넘어선 새로운 사유를 제시하지 못하기에 생겨나는 것일지도 모른다. 이런 상황을 신학적 철학에서는 "사라진 신"과 "아직 다가오지 않은 신" 사이의 갈등으로 표현하고 있다. 우리가 기다리는 새로운 사유는 어디에서 가능할까. 새로운 사유란 현존재의 세계관계성과 자기관계성은 물론 인간의 자기이해를 새롭게 틀짓는 철학이다. 그 철학은 철학함과 존재의 태도를 규정하는 해석학의 학문이다. 해석학은 전통 형이상학의 끝자리에서 텍스트를 해석하는 철학적 방법론이 아니다. 그 원리는 결코 서구 전통 철학에서 주어지지 않는다. 현대 철학은 인식론적 철학과 과학주의적 물질주의 철학의 영향을 벗어나지 못하고 있다. 현대 사회의 허무주의적인 상황에서 해석학적 철학은 실존론적 냉소주의를 벗어나는 길을 어디서 찾을 수 있을까. 해석학을 위한 자리는 잘 정리된 근본 학문이거나 학문의 체계와 원리를 정립하는 데 있지 않다. 또한 그 철학은 현대의 허무주의나 과학주의의 빈틈을 메우는 실존론적 학문일 수도 없다. 왜 해석학이 현대 철학의 변화된 문화적 상황에서 의미를 지니는지, 해석학을 통해 드러나고 밝혀지는 존재 진리는 어떤 형이상학적 맥락을 따르는지 이해하는 것이 중요하다. 이 해석학은 역사적 발전과 변형, 학문적 상황을 반영한다. 그것은 결코 서구 철학사의 맥락에서 형상화되어서는 안 될 것이다.

철학의 현재적 의미는 무엇인가? 지금 우리에게 철학은 무엇인가. 특히 철학을 우리의 존재론적 해석학으로 규정할 때의 철학은 지금 여기에서 구체적이며 실존적 삶을 사는 나와 우리에게 어떤 의미를 주는 것일까. 나 자신인 인간의 있음을, 이렇게 존재하는 현상 자체를 원천으로 받아들이면서 철학적 작업을 이어갈 때 그 학문은 해석학적일 수밖에 없다고 했다. 이때의 해석학은 이에 기초하여 인간이 접하게 되는 모든 현상을 해명하는 기초로 작용할 것이다. 그런 까닭에 지금 우리의 생활세계를 왜곡하고 억압하는 모든 체제와 마주하는 데 존재론적 해석학은 결정적 준거로 작동하게 된다. 그것이 경제와 성장이라는 이름으로 우리의 생활세계를 장악하는 자본이든, 또는 특권화되어 오직 절차적으로만 작동하는 민주주의든 그러한 현대 세계의 체제를 존재론적 의미에서 해명함으로써 이를 극복하고 우리 존재의 해방과 구원을 향해가는 철학적 작업으로 이어질 것이다. 그러한 작업은 현재의 해석학이 목적론적 설정에 얽매이지 않고 오히려 미래 역사적 관점, 내재적 초월성의 관점에서 설정되게 한다. 그것은 궁극의 해답을 설정하지 못하는 현재, 결코 풀리지 않는 실존의 한계와 모순적 상황에서 현재의 길을 찾는 과정으로 이어진다.

존재론적 해석학의 철학은 결코 일의적이지도, 가치중립적이지도 않다. 그 철학은 철저히 나아가야 할 인간의 지향성을 해석학적 앞선 이해로 설정한다. 이러한 해석학적 순환은 하이데거와 가다머의 해석학을 넘어선다. 지금 여기서 수행하는 해석학적 철학은 서구의 학문 체계에 의해 틀지어진 현대의 학문은 물론, 과학주의로 결정된 서구 학문사의 결과를 극복하는 데 기여할 것이다. 그래서 해석학의 철학은 지식론의 변형과 극복에 있다고 말했던 것이다.

5.

해석학의 철학은 철저히 존재를 성찰함으로써 이루어지며, 타자와 세계를 지향하며, 그 가운데에서 생성하는 의미를 지향한다.

그 의미는 자유와 해방의 존재론적 진리를 향한 것이다. 해석학적 철학에 바탕을 둔 공부는 인간이 지닌 근원적 존재 의미에 대한 결단에 따라 좌우된다. 그것은 우리의 유한성에 바탕하여 타자와의 인격적 관계를 지향한다. 그 철학은 존재 성취의 철학이며, 세계와 타자를 수용하는 철학이다. 그러한 인간 존재는 타자의 실존 및 세계 존재와 상호작용하는 존재Homo Interactus다. 그때의 인간은 실존적 상호성interacting existence에 자리한다. 인간은 자연, 사물, 사건, 타자와 끊임없이 상응하는 가운데 살아간다. 이러한 존재의 인식 행위는 객관적 존재자를 객체적으로 인식하는 것이 아니라, 나라는 존재와의 상호작용 안에서 인식되기에 그것은 본질적으로 해석학적이다. 인간이라는 존재는 결코 객체와 분리된 주체로 존재하지 않는다. 그 존재는 결코 결정론적이거나 독립적이지 않다. 인간은 한계와 주어진 조건에 제한되어 있지만 이러한 해석학적 행위를 통해 이를 넘어선다. 인간은 조건지어진 비조건성에서 살며 한계지어진 자유와 내재하는 초월성에 따라 살아간다. 해석학의 철학은 이러한 한계를 명확히 수용하면서 이를 끊임없이 넘어서려는 자기 극복의 과정에 있다.

해석학의 철학은 의미를 새롭게 드러냄으로써 삶을 새롭게 태어나게 한다. 보이지 않던 것을 보게 만들고, 듣지 못하던 소리를 들리게 한다. 숨은 소리를 넘어 존재의 소리를 듣게 하며, 보이지 않는 사물의 매듭을 보게 만든다. 이렇게 새롭게 보고 듣는 것은 새로움을 드러내는 해석학적 작업 안에서야 가능하다. 하늘 아래 새로운 것은 없다. 모든 것은 헛되고 헛될 뿐이다. 그러나 이렇게 만들어가는 내재적 초월의 새로움은 이 모두를 새롭게 듣고, 보게 함으로써 새롭게 드러내게 만든다.

철학이 본질적으로 해석학적이라는 말은 이런 작업을 통해 개념을 새롭게 설정함으로써 흩어진 인간의 이해를 체계화하고 집약한다는 뜻이다. 또한 사유를 새롭게 함으로써 인간의 존재를 매 순간 그때마다 새롭게 존재하게 만든다. 이러한 해석학적 작업이 없으면 인간의 존재 이해도 있을 수 없다. 해석학적 특성은 인간의 본성에 따른 것이기에 해석학의 결여는 인간 존재의 결여를 의미한다. 현대 사회가 인간의 실존과 의미를 보지 못하게 하며, 자본과 객체적 지식에 매몰되어 새로운 허무주의와 마주하게 될 때 존재 의미의 새로움은 이를 넘어서는 자기 극복의 힘을 마련해줄 것이다. 그러기에 현대 철학의 중심 과제를 해석학으로 설정하는 것은 전혀 이상한 일이 아니다. 이는 근대 철학의 인식론적 관점에서 탈피한다는 의미와 함께, 실체론적 철학에서 벗어난다는 의미를 동시에 지닌다. 실체론적 철학을 거부하는 해석학적 철학은 객관적이며 실체적 앎의 형식에 관한 회의를 포함한다. 이에 따라 절대적이며 객관적 진리라는 말은 결코 타당하게 주어지지 않게 된다. 이러한 지식론의 변화는 인간의 지식 체계에 대한 반성에서 비롯되었다.

그래서 해석학을 수행하는 철학적 반성에는 지식에 대한 새로운 이해와 함께 학문론의 체계를 새롭게 정립해야 한다는 시대적 요구가 담겨 있다. 그 안에서 철학이란 무엇을 의미하는가. 그것은 피히테J. Fichte가 말하듯이 학문 일반의 학문론인가(『학문의 개념과 이른바 철학에 대하여』, 1794). 아니라면 학문 일반과 철학의 관계 설정은 어떠해야 하는가? 새로운 시대를 말하는 모든 철학자들은 무엇보다 먼저 전통적인 지식 체계에 대해 비판하고 반성하면서 자신의 철학적 사유를 시작하였다.

베이컨F. Bacon이 그리스에서 비롯되어 체계화된 전통적 학문 체계를 거부하고, 『학문의 진보』와 『신기관』을 집필한 것은 대표적 사례라 하겠다. 그는 아리스토텔레스의 학문론에 비해 새로운 학문 체계를 설정한다는 문제의식에서 새로운 기관에 대해 논의한다. 그 학문은 자연에 대한 장악과 지배의 힘을 얻는 체계였다. 또한 비코의 『새로운 학문』, 데카르트의 『방법서설』과 『제일철학에 대한 성찰』은 물론, 니체 역시 플라톤 이래의 철학 체계 전체를 문제시하는 「즐거운 학문」을 쓰기도 했다. 헤겔이 정신현상학을, 후설이 "유럽 학문의 위기"에서 선험적 현상학을 엄밀한 학문으로 제시했으며 하이데거조차 『존재와 시간』에서 현상학적 해석학을 통해 전통 형이상학이 존재 의미를 망각했다고 비판한 뒤, 존재론을 위한 새로운 사유를 역설한 것도 잘 알려진 사실이다. 그 뒤를 이은 가다머의 『진리와 방법』도 이런 맥락에서 이해된다.

현대의 해석학적 철학은 근본적으로 지식의 새로운 패러다임에 근거해 있다. 대상에 대한 객체적이며 객관적인 지식을 모든 지식의 준거로 설정할 때 그 학문 체제는 필연적으로 과학적 학문으로 결정될 수밖에 없다. 그 지식은 마침내 실용주의적 학문으로 또는 전문 기능인을 위한 지식으로 작동할 것이며 때로는 이념적으로 작동할 때 이데올로기가 되기도 한다. 그 지식은 많은 경우 인간을 억압하며, 우리가 자유로운 정신으로 나아가는 데 장애물이 된다. 인간을 대량 학살로 몰아간 언어들은 모두 이러한 진리에 근거한 것들이었다. 무신론자들을 죽음으로 몰아간 신이라는 개념, 진리와 정의의 이름 때문에 죽어간 수많은 사람들은 물론, 신과 국가, 민족과 정의 따위의 이념적 언어들이 얼마나 많은 사람들을 죽음으로, 처절한 고통으로 몰아갔는지를 생각해보라.

이러한 실용적이며 이념적 지식, 소유하고 장악할 수 있는 객체화된 지식에 비해 존재론적 지식은 성찰적이며, 의미론적으로 정향된다. 이 지식은 다만 해석학적 사유를 통해서야 올바르게 제시될 것이다. 해석학의 철학은 니체 철학에서 그 근본적인 사유 동기를 얻는다. 그는 「즐거운 학문」에서 과학적 지식, 지속적인 사물적 지식을 넘어서는 지식에 대해 언급한다. 인간은 유기체이기에 유기체에서 주어지는 조건을 넘어서는 지식을 얻을 수가 없다. 그래서 유기체의 감각과 모든 종류의 감성은 "태곳적에 체화된 저 근원적 오류들을 지닌 채 작동"하고 있다고 니체는 말한다. 인식이 곧 "삶의 원칙이라는 믿음", "인식하는 자의 본질을 오인"하여 "인식에서 충동이 지니는 위력을 부인했으며, 이성을 그 자신으로부터 솟아나는 자유로운 활동이라고 파악"하는 것은 유기체인 인간이 저지르는 본질적 오류이다.

이러한 인식론적 지식에 비해 생명을 보존하는 힘을 지닌 지식은 그들이 말하는 진리와 충돌한다. 그래서 니체는 인간을 본질적으로 "진리에의 충동과 생명을 보존케 하는" 힘이 "서로 투쟁을 벌이는 존재"로 이해한다. 생명의 힘, 삶을 향한 힘에의 의지만이 인간을 인간답게 만들 수 있다. 흔히 니체 이후의 해체론적 철학이 형이상학을 부정하는 듯이 말하지만 그 형이상학은 플라톤적이며 선험적인 세계에 기반한 형이상학을 의미한다. 해체론적 해석학이 필요로 하는 형이상학은 해체론의 형이상학이며 해석학적 철학의 형이상학이다. 그것은 근본적으로 탈형이상학일 수밖에 없다.

6.

니체는 형이상학적 철학과 역사적 철학을 대비시킨다. 역사철학은 자연과학과 갈등하지만 결코 자연과학을 거부하지 않는다. 「인간적인 너무나 인간적인」에서 그는 "무의식중에 철학자들은 인간이란 영원한 진리이며, 온갖 소용돌이 속에서도 불변하는 존재 사물의 정확한 척도라 생각"한다고 지적한다. 그래서 자연과학적 학문과 본질주의적 사고에 물든 철학자들은 "역사적 감각을 결여"하고 있으며, 이는 "모든 철학자가 지닌 유전적 결함"인 듯하다. 그들은 "인간이 생성되어왔고 사실과 인식 능력 역시 생성되어왔다는 점"을 전혀 이해하려 하지 않는다. 이렇게 형성된 철학은 목적론을 앞세워 "인간을 영원한 존재"라고 믿고자 한다.

그러나 만물은 생성해왔으며 끊임없이 생성하는 과정에 있다. 절대적 진리가 없는 것과 마찬가지로 영원한 사실도 없다. 그러기에 이제부터 철학은 "역사적으로 철학하는 일이 필요하며, 그와 동시에 겸양의 덕이 필요"하다고 니체는 역설한다. 역사적 철학이라는 말은 지금의 철학이 다만 역사적 과정을 통해 축적된 것들의 결과이기에 철학사적 지식에 따라 철학이 결정된다는 의미가 아니다. 오히려 해석학이 역사철학인 까닭은 과거를 새롭게 해석하고 미래를 선험적으로 결정하는 현재의 시간에서 이루어지는 철학이라는 의미이다. 이것은 해석학적 사유가 수행하는

현재의 해석학

현재화이며, 시간의 상호작용에서 이루어가는 끊임없는 현재화의 과정을 담고 있다.

인간은 재현의 영역 안에 갇혀 있으며 인간을 넘어서는 어떠한 초월적 힘을 통해서도 그 너머의 세계를 직시할 수가 없다. 우리가 세계 안에서 지각하는 모든 것은 유기체의 생성 과정에서 생겨난 필연적 결과이며, 무수한 상호작용의 결과이다. 유기체로서의 조건을 지닌 인간은 결코 우리의 실존적 상황을 떠난 객관적 지식을 얻을 수가 없다. 전통적 형이상학은 선험적 세계나 신적 영역, 사물자체 등의 제일 원인과 최종 근거를 설정한다. 아리스토텔레스의 말처럼 형이상학은 사물의 제일 원인과 최종 근거를 묻는 철학이다. 그러나 이런 세계와 개념은 유한성에 매몰된 인간이 불가피하게 자신의 존재를 넘어서기 위해 설정한 허상이거나 또는 그 어떤 다가갈 수 없는 무조건적 개념에 지나지 않을 것이다.

유기체로서 인간에게 지식이란 종의 보존을 위해 주어진 것이다. 그 진리는 일차적으로 사물에 대한 인지적 지식이지만 또한 이념적 맥락과 함께 진리-존재론적 맥락을 지닌다. 지식은 진화론적 생존을 위한 앎을 넘어 의식의 성찰성에서 의미를 추구하는 지식과 함께 미래에의 갈망을 담고 있기도 하다. 이것은 영혼에 대한 자각이기도 하며 초월성이라는 이름으로 주어지기도 한다. 그러기에 지식은 사물에 대한 지식과 공동체 및 사회에 대한 지식을 넘어 인간의 실존성과 존재론적 의미에 관계되기도 한다.

따라서 지식은 인간의 성숙과 인간 삶의 역사를 통해 불가피하게 변화될 수밖에 없다. 이 과정에서 주어지는 오류의 불가피성이야말로 인간적 진실일 것이다(『즐거운 학문』 265). 같은 맥락에서 니체는 비진리를 삶의 조건으로 수용함으로써 선악을 넘어설 수 있다(『선악을 넘어서』 4)고 제안하기도 한다. 이런 주장은 진리를 오류 내지 헷갈림과 연결지어 이해하는 하이데거의 철학과 같은 맥락이기도 하다.

진리와 지식은 인간 삶의 실존과 존재 의미를 떠나 자리하지 않으며, 타자와의 관계없이 이해되지도 않는다. 진리는 해석의 과정에서 생성된다. 그래서 니체는 삶과 진리가 오직 "관점주의적 평가와 가상성"에 기초해서만 성립된다고 말한다(『즐거운 학문』 374). 해석은 관점적 가치평가다.[5] 해석학적으로 해명되는 세계는 해석하는 사람의 힘에의 의지에 따라 새롭게 해석되며 변용되기에 이른다. 그에 따라 세계와 해석하는 이의 관계는 새롭게 구성될 것이다. 사물을 있는 그대로 인지할 수 있다는 생각은 착각이다. 인간은 언제나 자신의 내적 의미망과 관련지어 새롭게 해석하여 받아들인다. 여기에는 우리의 감정이나 정서, 또는

현재의 해석학

실존적 관점이 반영된다. 그래서 니체는 인간이란 단순히 세계를 인지하는 존재가 아니라 그것을 창조하는 존재로서 삶의 시인이라고 말한다.

해석학의 철학은 선험적 세계나 본질주의에 근거한 학문은 아니며, 어떠한 신념 체계나 이데올로기에 따른 것도 아니다. 그 학문은 인간의 실존성과 존재적 특성은 물론, 그의 역사성을 진지하게 수용하며 그에 기반한 체계이다. 학문의 주체는 인간이지만, 현존재로서의 인간은 생물학적이면서 동시에 문화적이다. 이 두 존재 양식이 상호작용하면서 새롭게 형성되는 것이 현존재로서의 인간이다. 이 상호작용의 열쇠는 해석학적으로 이해된다. 그래서 해석학의 철학은 영원불변한 진리를 말하지 않는다. 이 학문이 밝히는 진리는 과거에서부터 이어져 오는 역사성에 충실하면서도 자신의 현재적 해석 역시 역사적으로 형성되어간다는 사실을 잘 알고 있다. 그 역사는 사건의 결과물로서의 역사가 아니라 해석하는 현재와 끊임없이 상호작용함으로써 이루어지는 철저히 존재론적으로 열려 있는 역사이다. 현재의 해석학은 문화와 언어, 역사 공동체로서 지금 여기의 철학적 지평에 대해 해석하려는 철학적 작업이다. 그것은 한편으로 서구인들에게는 근대를 넘어서는 일면적 근대 이후의 철학이지만 우리에게는 이중적 극복의 과제로 다가온다. 근대 이후의 철학적 노력에 덧

붙여 그들의 근대에 의해 결정된 우리의 현대 체계를 극복하려
는 노력이 그것이다.

현재의 해석학

맺음말

───────

근대성이 과잉으로 작동하는 이 시대에 인문학은 물론, 인간을 이해하는 본질적 학문인 철학의 위기는 더욱 심각한 듯하다. 우리 사회와 문화는 물론, 학계에서조차 철학은 무시되고 잊혀 가고 있으며, 철학의 본질적 특성이 왜곡되고 있다. 철학계 내부에서도 철학의 종말 내지 변용에 대한 논의는 새로운 것이 아닐 정도다. 그럼에도 철학은 인간 본연의 사유 행위를 재현하는 학적 체계이지 분과학문으로서의 지식 체계가 아니다. 그것은 인간 본래의 지성적 행위 전체를 가리키는 말이다. 철학의 의미가 왜곡되고, 철학함이 사라지는 현실은 의미의 위기를 초래한다. 오늘날 이 땅의 현실은 경제 만능의 문화에 젖어 오로지 일면적으로 성장과 소유, 결과에만 주목하는 자본과 사물화의 논리에 철저히 매몰되어 있다. 전 지구적으로 확산되고 일반화된 자본주의가 우리의 사유 전체를 자본에 종속시키고 있는 것이다.

플라톤 이래, 존재하는 모든 것의 근거와 원인, 의미에 대해 사유하던 존재론은 잊히고 왜곡되었으며, 그 의미는 기껏해야 경제라는 이름으로 환원되거나 그렇게 과잉 대표될 뿐이다. 그럼에도 결코 거부할 수 없는 것은 의미에 대한 이해와 결단 없이 인간은 인간으로 존재하지 못한다는 사실이다. 존재의 의미를 이해하고 해석하는 사유 작업을 일컬어 존재론적 해석학이라 말한다. 그것은 인간이 자신의 존재와 자신의 존재를 둘러싼 사실과 현상 전체에 대해 사유하는 학문이다. 존재론은 철학이며, 철학이 그 어떤 모습으로 드러나든 인간의 본성, 진리와 선, 아름다움을 향한 본질적 이해가 타당하게 이루어지는 터전이다. 존재 이해 없이 인간은 인간으로 존재하지 못한다.

이러한 해석학은 결코 서구 철학의 특정한 주제에 따라 이루어진 수입학이 아니다. 해석학은 서구에서 유래한 철학 조류 가운데 하나이거나 딜타이 이래의 철학 또는 그 외 어떤 다른 앞선 형이상학자들의 철학에 대한 해석이 아니다. 오늘날 철학에 대한 이런 오해는 무척이나 널리 퍼져 있다. 여러 유형의 반反형이상학적 경향은 물론 최근의 언어분석철학 등에서 보듯이, 존재론은 실체적으로 존재하지 않는 어떤 개념이나 현상에 대한 무의미한 논의가 아니다. 존재는 우리 자신의 생물적 조건과 정신적 반성을 포함하며 나아갈 방향을 지향하는 미래의 결단까지 포함하는 의미론적 개념이다.

니체는 계몽주의로 표출되는 유럽 현대 철학을 소크라테스 이래 유럽의 근원적 정신이 잊힌 결과로 규정하고 이를 넘어서는 사유를 근원에의 회귀에서 찾으려 한다. 유럽의 계몽주의적 철학은 결국 허무주의로 귀결될 수밖에 없기에 이를 극복하는 철학은 힘에의 의지와 비극 정신의 회복에서 가능할 것이다. 관점주의적 해석학은 이런 작업을 수행하는 중요한 철학이 된다. 하이데거 역시 잊힌 존재 의미를 드러낼 존재 사유의 근원성으로 회귀하려 한다. 그들에게서 가장 중요한 철학적 동인은 근원과 존재 의미를 망각한 현대적 무의미를 극복하는 데 있으며, 이를 위한 근원에의 회귀가 핵심 주제가 된다. 이러한 해석학은 동아시아인으로서 우리의 역사 경험과 존재 경험을 통해 우리의 근원성으로 회귀하는 데도 중요한 철학적 계기와 근거로 작동할 것이다. 유럽 철학이 로고스 중심의 철학을 전개했다면, 동아시아인은 도道를 향한 사유를 펼쳐갔다. 짱롱시張隆溪는 이런 관점에서 이론으로서의 해석학이 독일 철학의 전통에서 태어났지만 중국의 문화적, 철학적 전통에도 적용될 수 있다고 말한다.[1] 해석학의 철학은 우리 안의 서구 근대 철학을 해체하면서 우리의 역사와 언어 경험에서 드러나는 존재 의미에 대한 해석의 원리로 작동할 것이다.

역사의 시작에서부터, 그것이 신화적 언어로 표현되었든 또는 예술적 표현으로 드러났든, 인간은 자신을 둘러싼 모든 존재 자를 보면서 곧장 그 근원에 대한 질문을 제기하였다. 그것이 어떤 신적인 힘이나 초월적 현상에 의지하지 않고, 자신이 지닌 내적인 이해 능력에 기반하여 스스로 그 근원에 대해 질문하고 나름의 답을 찾아가려는 노력을 우리는 철학이라 말하지 않았던가. 철학은 철저히 인간의 내적 지성에 따라 이루어진다. 그것이 유럽에서 보듯이 로고스logos든, 또는 이성ratio, reason이든, 또는 동아시아의 사유 경험에 따라 '천명天命이나 성性' 따위의 어떤 다른 이름으로 주어지든 그것은 일차적 중요성을 지니지 않는다. 해석학적 철학 역시 이러한 이성을 필요로 한다. 그것을 우리의 논의에서는 인간의 총체적 힘인 생명성에서 찾으려 한다. 그래서 해석학의 철학은 생명성의 원리에 따른 형이상학을 지향한다. 여전히 생명의 형이상학은 미완의 것이지만 새로운 사유를 위한 해석학의 원리가 여기서 태동하리라는 사실에는 틀림이 없다.

여하튼 인간은 존재하는 수많은 존재자는 물론, 사건과 현상, 자연과 생명, 역사와 사회를, 나아가 자신의 존재를 사유하면서 그를 넘어서는, 최종 근거와 궁극의 원인에 대해 질문했다. 그것을 철학사는 형이상학으로 정의하지 않았던가. 하이데거의 말처럼 "형이상학은 철학의 한 분과가 아니라, 철학 자체가 형이상학"이다.[2] 인간은 존재하는 모든 것, 사물과 사건, 역사와 자연, 자아와 타자, 세계와 현재를 넘어 그것이 존재한다는 의미에 대해 질문할 때 그것이 존재론으로 제시된다. 그러한 존재론이 서구 언어의 경험에서 일차적으로 계사로 드러났을 뿐이다. 존재론은 결코 주어-술어의 관계나, 특정한 언어적 경험에서 주어지는 지평에 머무르지 않는다.

이러한 층위를 넘어 존재는 동일성을 의미하며, 나아가 진리를 드러낸다. 나의 존재를 표현하는 것은 나의 동일성과 정체성을 드러내는 것이며, 그러기에 나의 존재는 다른 내 존재의 진리이다. 존재자가 그러한 존재자로 드러나 우리에게 의미로 다가오는 그때가 바로 진리사건이 이뤄지는 순간이다. 그래서 존재는 진리의 순간이며, 지금 여기 현재에서 진리가 존재자체로 드러나게 되는 것이다. 이렇게 존재의 진리에 근거한 해석학은 인간이 자기이해에 바탕하여 세계와 자연, 진리와 언어, 예술과 신, 이해와 교육 그리고 역사를 이해하는 과정이다. 인간은 근본적으로 세계와 존재자, 역사와 자연은 물론 자신과 타자를 이해하며, 이 이해를 체계화하는 존재다.

그것이 신화적 형식으로 드러나든, 인간이 지닌 어떤 내적 이해 능력에 따른 것이든 그 외적 형태의 차이와는 무관하다. 이렇게 인간에게 이해의 사건이 드러나고 형성되는 그 순간을 우리는 존재 사건이라 이름할 수 있다. 철학이 존재론적 해석학으로 이해되는 까닭은 존재 이해라는 관점에서 세계와 자연을 해명하고 인간과 문화의 의미를 드러내기 때문이다. 해석하는 이 순간은 인간의 존재가 스스로 드러나는 사건이다. 이것은 거듭 인간에게 존재자가 존재자로 드러나게 되며, 그 순간을 이해라는 형태로 체계화하는 인간의 자기이해 과정을 설명하는 개념이다. 이해하는 존재인 인간에게 존재자가 존재자로 드러나는 순간 존재는 열어 밝혀진다. 그러기에 존재론적 해석학은 이러한 시간과 사건을 이해하고 해석하는 학문, 인간이 지닌 이러한 과정에 대한 이해에 관계한다. 철학이란 이런 사건을 이해하고 해석하는 의미론이기에 그것은 인간의 본질에 따른 근원적 작업이다. 인간은 이해하는 만큼 존재하며, 그 이해가 자기의 존재이기 때문이다. 존재자를 드러내는 존재는 사건으로 이해된다. 그것이 바로 존재 사건이며, 그 의미를 이해하는 것이 존재론이다. 존재에 대한 이해와 그 의미에 대한 근원적 결단 없이 인간이 전개하는 모든 이해와 해석은 공허할 수밖에 없다.

존재가 드러나는 사건으로서 언어와 예술, 역사를 이해하는 것이 하이데거의 철학에 근거한 존재론이다. 언어와 예술, 역사와 세계는 존재자적이지만, 그를 통해 존재자가 드러난다는 의미에서 그것은 또한 존재 사건이기도 하다. 존재를 이해함으로써 존재를 열어 밝히는 존재자로서의 인간을 현존재라 일컫는 하이데거의 의도 역시 여기에 있다. 언어와 예술, 역사와 이해는 사물적이지만, 그것이 존재자를 드러내는 사건으로 이루어질 때 그것은 존재이기도 하다. 말해진 언어가 존재자적이라면, 말함으로써 존재자를 존재하게 하는 언어는 존재이다.

있는 것이 있게 되는 그 사건의 의미를 사유하는 것은 근대성의 과잉으로 위기에 치닫는 현대 문화와 학문을 위한 구원의 계기가 될 것이다. 구원은 초월자에 대한 신앙이 아니라, 존재에 대한 이해와 결단에서 주어진다. 인간은 어떤 경우도 존재자의 층위에 머물러 있지 않고 그것의 "있음"에로 초월해간다. 인간은 근원적으로 초월적 존재이며, 그러기에 그는 철학적 존재이다. 존재자에 머물러 있는 인간은 존재론적으로 존재하지 못한다. 존재론적 존재인 우리는 그에 대한 근본적인 이해와 결단을 바탕으로 사유의 씨름을 전개해간다. 철학은 사유의 경건함이며, 그 사유는 존재의 의미에 관계하기 때문이다. 존재론적 해석학은 오늘의 시대에 필요한 사유의 새로운 길을 제시할 것이다. 그러기에, 존재론적 사유 없이 철학은 자신이 가야 할 길을 찾지 못한다. 이것이 이 철학을 해석학으로 자리매김하려는 까닭이다.

맺음말

주석

1장

1 브라이언 보이드, 『이야기의 기원』, 남경태 옮김(휴머니스트, 2013).

2 E. 코레트, 『해석학』, 신귀현 옮김(종로서적, 1985).

3 존 그레이, 『화성에서 온 남자, 금성에서 온 여자』, 김경숙 옮김(친구미디어, 1993).

4 스티븐 J. 굴드, 『다윈 이후(*Ever Since Darwin: Reflections in Natural History*)』, 홍욱희,
   홍동선 옮김(사이언스북스, 2009).

5 에드워드 O. 윌슨, 『통섭—지식의 대통합』, 최재천, 장대익 옮김(사이언스북스,
   2005); 그 외 인간의 본성을 사회생물학적으로 분석한 그의 저서, 『사회생물학』,
   이병훈 옮김(민음사, 1992).

6 G.W.F. Hegel, *Wissenschaft der Logik*(Frankfurt/M: Suhrkamp, 1986).

7 M. 하이데거, 「예술 작품의 근원」, 『숲길』, 신상희 옮김(나남출판, 2008) 참조.

8 C.P. 스노우, 『두 문화』, 오영환 옮김(사이언스북스, 2001).

9 심상태, 『解釋學의 神學的 考察』, 《論文集》 제3집(가톨릭대학교출판부, 1977), 35~68
   쪽 참조.

2장

1 H.-G. 가다머, 『진리와 방법』, 임홍배 옮김(문학동네, 2012), 제2부 1장.

2 R. Bultmann, *Die Geschichte der synoptischen Tradition*, 1921; *Neues
   Testament und Mythologie*, 1941; *Kerygma und Mythos*, 1951.

3 시미안 요프레, 『구약성서 연구방법론』, 박영식 옮김(성서와함께, 2000); 로날드 E.
   클레멘츠, 『구약성서 해석사』, 문동학/강성열 옮김(나눔사, 1994).

4 동성(同性)에 대한 성욕을, 인간을 죽음으로 몰아가는 폭력으로 고발하는 소돔
   과 고모라에 대한 성서의 경고(『창세기』 19장)는 과연 동성애를 금지하는 명령문
   일까, 아니면 비틀린 성욕으로 인해 죽음으로 내몰리는 인간에 대한 사랑을 호

소하는 글일까.

5 A. Jolles, *Einfache Formen*(Tübingen, 1930).

6 로날드 E. 클레멘츠, 『구약성서 해석사』, 문동학, 강성열 옮김(나눔사, 1988).

7 G. 로핑크, 『당신은 성서를 어떻게 이해하십니까?』, 허혁 옮김(분도출판사, 1976).

3장

1 이도흠은 컨텍스트(context)의 의미를 ① 문맥, ② 작가의 의도, ③ 발신자와 수신자가 발화를 주고받는 상황, ④ 텍스트 외적 배경의 총체(extra-textorial background), 세계관, 이데올로기, 역사적 배경, 경제적 토대, 사회문화적 배경 등으로 규정한다. 이도흠, 『화쟁기호학, 이론과 실제』(한양대학교출판원, 1999) 참조.

2 W. Dilthey, *Gesammelte Schriften*, Bd.V., *Die geistige Welt*.

4장

1 존재자란 객체적으로 있는 모든 것을 가리키는 개념이며 존재란 이 모든 존재자를 있게 하는 그 어떤 있음을 말한다. 사과라는 사물이 존재자라면, 사과의 있음이 존재다. 사과의 있음을 볼 수 있을 때 사과라는 사물이 있게 된다는 하이데거의 이해를 표현한 말이 존재자와 존재의 구별이다.

2 M. 하이데거, 『마르틴 하이데거의 존재론』, 이기상/김재철 옮김(서광사, 1995).

3 M. 하이데거, 『존재와 시간』, 이기상 옮김(까치, 1998).

4 마르틴 하이데거, 『아리스토텔레스에 대한 현상학적 해석』, 김재철 옮김(누멘, 2010), 22쪽.

5 M. Heidegger, *Unterweges zur Sprache*(Pfullingen, 1960).

6 베르너 슈나이더스, 『20세기 독일 철학』, 박종묵 옮김(동문선, 2005).

7 M. Heidegger, "Herkunft aber bleibt stets Zukunft," *Unterwegs zur Sprache*.

8 M. 하이데거, 『휴머니즘 서간』, 『이정표 2』(한길사, 2005).

9 G.W. Bertram, *Hermeneutik und Dekonsturktion, Konturen einer Auseinander-setzung der Gegenwartsphilosophie*(München, 2002).

10 R. 로티, 『철학 그리고 자연의 거울』, 박지수 옮김(까치출판사, 1998).

11 R. 롬바흐, 『철학의 현재』, 전동진 옮김(서광사, 2001).

12 M. 하이데거, 『사유란 무엇인가』, 권순홍 옮김(도서출판 길, 2005).

13 M. 하이데거, 「진리의 본질에 관하여」, 「이정표 2」.

14 M. 하이데거, 「근거의 본질에 관하여」, 「이정표 2」.

15 M. 하이데거, 「마르틴 하이데거의 존재론」 참조.

16 M. Heidegger, *Das Ding*(1951) 참조. 여기서 하이데거는 전통적 인식론을 넘어 사물이란 존재 의미를 모으고 합쳐 드러내는 가시적 형태라고 말한다.

17 이에 대해서는 간략히 언급하는 데 그칠 것이다. 더 자세한 논의로는 G. Vattimo, *Beyond Interpretation, The Meaning of Hermeneutics for Philosophy*(Standford, California: Stanford University Press, 1997) 참조.

5장

1 H.-G. 가다머, 「진리와 방법」, 2권, 임홍배 옮김(문학동네, 2012), 3부.

2 H.-G. 가다머, 「진리와 방법」 2권, 192~193쪽.

3 H.-G. Gadamer, Text und Interpretation(1983), in *Gesammelte Werke Bd.2* (Tübingen, 1986), S.330~360.

4 마르틴 하이데거, 「아리스토텔레스에 대한 현상학적 해석」(누멘, 2010).

5 P. 부르디외, 「나는 철학자다—부르디외의 하이데거론」, 김문수 옮김(이매진, 2005).

6 하이데거는 1933년 이래 적극적으로 나치 정권에 참여하지만 이 정치 행위는 실패로 끝난다. 그럼에도 여전히 하이데거의 사상과 나치즘은 매우 밀접히 관련되었다고 보는 견해가 일반적이다.

7 M. 하이데거, 「휴머니즘 서간」, 「이정표 2」, 이선일 옮김(한길사, 2005).

8 M. Heidegger, *Unterwegs zur Sprache*(Pfullingen, 1959), S.97f.

9 실체(實體) 개념은 아리스토텔레스의 "ousia(또는 hypostasis)" 개념과 이에 대한 라틴어 번역 "substantia"에서 형성되었다. 그것은 모든 사물의 근본이 되는 요소로서 자립적으로 존재하는 것, 자신의 존재를 위해 더 이상의 다른 존재 원리를 필요로 하지 않는 존재이다. 이러한 실체관에 따라 서구는 물체를 개체로 구별된 것, 개체 일반의 근본적 존재 원리에 따라 이해되는 개별 존재자로 상정한다. 개별 존재자의 존재 근거를 묻는 존재론이 물체에 대한 질문의 토대가 된다. 이에 따라 그 존재 근거와 현상으로 드러난 존재자와 관계된 재현 개념은 정합성 문제, 진리의 문제로 전환된다.

10 M. Heidegger, "Was ist Metaphysik," in *Wegmarken* 참조.

11 마르틴 하이데거, 「아리스토텔레스에 대한 현상학적 해석」, 35~36쪽.

6장

1 이에 대해 G. Vattimo, *After Christianity*, tr. Luca D'Isanto(New York: Columbia University Press, 2002).

2 Emil Angehrn, *Interpretation und Dekonstruktion, Untersuchungen zur Hermeneutik*(Göttingen, 2004), S.339 참조.

3 H.-G. 가다머, 「진리와 방법」, 임홍배 옮김(문학동네, 2012), 2부 II. I. 참조.

4 H.-G. Gadamer, "Hermeneutics and Logocentrism," D.P. Michelfelder/R.E. Palmer, *Dialogue and Deconstruction, The Gadamer-Derrida Encounter*(1989), pp.114~125.

5 H.-G. Gadamer, Text und Interpretation, in *Gesammelte Werke, Bd. 2.*(Tübingen, 1986), S.330~360.

6 H.-G. 가다머, 「진리와 방법」, 2부, 13~71쪽 참조.

7 M. Frank, *Einführung in die frühromantische Ästhetik*(Frankfurt/M, 1989).

8 M. 하이데거, 「진리의 본질에 관하여」, 「이정표 2」, 이선일 옮김(한길사, 2005), 109~110쪽; 「휴머니즘 서간」, 180~181쪽 참조.

9 이에 대해 G. Vattimo, *Das Ende der Moderne*, hrsg. v. R. Capurro(Stuttgart, 1990), 특히 3부 참조.

10 M. Heidegger, *Sein und Zeit*(Tübingen, 1927), S.11, 13, 15 참조.

11 M. Heidegger, *Sein und Zeit*, §4; 또한 G. Haeffner, *Heidegger's Begriff der Metaphysik*[München, 1981(2. Aufl.)], S.23 참조.

12 기술의 어원인 그리스어 테크네(Techne)는 자연에서 무언가를 이끌어내는 행위를 뜻한다. 그 행위는 기술이면서 예술이기도 하다. 하이데거는 이 말에서 예술의 의미는 사라지고 오직 사물을 기계의 부품으로 만드는 기술공학만이 남았다고 비판한다. 근대 세계가 대표적이다. 여기서는 예술일 수도 있는 테크네가 그저 부품화하는 몰아세움으로만 자리하게 된다.

13 마르틴 하이데거, 「세계상의 시대」, 최상욱 옮김(서광사, 1995), 93쪽 참조.

14 사물(Das Ding)은 존재 역사가 집약된 것(고대 게르만어 'thing'은 '모으다'의 의미를 지닌

299

다)이며 또한 세계 사방의 존재드러남을 보여주는 전형이다. M. Heidegger, *Das Ding*(Pfullingen, 1954) 참조.

15 Brice R. Wachterhauser(ed.), *Hermeneutics and Modern Philosophy*(Albany: State University of New York Press, 1986).

16 Hubert L. Dreyfus, *Being-in-the-World, A commentary on Heidegger's Being and Time*, Division I.(Cambridge/London: MIT Press, 1991).

17 R. 로티, 『철학―자연의 거울』, 2장 참조.

18 신실용주의적 철학의 해석학은 이러한 한계를 지닌다. 그것은 형이상학의 기반을 존재론적으로 정향하는 데 실패했을 뿐 아니라, 그 기반 자체를 거부함으로써 실용주의적 한계를 벗어나지 못한다. 그 해석학은 다만 문화철학적 해석학, 교화의 철학으로 자리할 뿐이다. 로티 철학이 지니는 한계에서 보듯이 해석학은 존재론적 기반을 요구한다. 그것 없이 해석학은 내용 없는 공허한 반복에 지나지 않게 된다.

19 M. 하이데거, 「진리의 본질에 관하여」, 『이정표 2』.

20 M. 하이데거, 『마르틴 하이데거의 존재론』, 이기상/김재철 옮김(서광사, 1995).

21 E. Angehrn, *After Christianity*, S.331~332.

22 M. 하이데거, 『사유란 무엇인가』, 권순홍 옮김(도서출판 길, 2005), 194~195쪽.

23 M. Heidegger, "Vom Wesen der Wahrheit", in *Wegmarken*, Frankfurt/M 1967, S.188, 197.

7장

1 바티모의 존재론적 해석학 G. Vattimo, *Jenseits vom Subject. Nietzsche, Heidegger und die Hedrmeneutik*(Wien, 1986).

2 J. 하버마스, 『탈형이상학적 사유』, 이진우 옮김(문예출판사, 2000), 19쪽. 그에 따르면 맥락주의란 진리주장을 개별 문화권의 언어놀이와 그에 따른 실제적 층위의 맥락에 따라 규정하려는 조류이다.

3 H.-G. Gadamer, "Hermeneutik als praktische Philosophie," in: M. Riedel(hrsg.), *Rehabilitierung der praktischen Philosophie*(Freiburg, 1972).

4 F. 니체, 『유고―1888년 초~1889년 1월 초』, 백승영 옮김(책세상, 2004).

5 F. 니체, 『유고―1888년 초~1889년 1월 초』.

6   M. 하이데거, 「'신은 죽었다'는 니체의 말」, 『숲길』, 신상희 옮김(나남, 2008).

7   F. 니체, 『선악의 저편』, 김정현 옮김(책세상, 2002), 1장.

8   M. 하이데거, 「휴머니즘 서간」, 『이정표』, 이선일 옮김(한길사, 2005).

9   M. Heidegger, *Feldweg*(Pfullingen, 1947).

10   이를 위해 바티모는 자신의 철학을 '약한 사유'에 따른 존재론적 해석학으로 규정한다. 그것은 근대 이성의 강한 사유를 극복하는 현재의 철학이다. G. Vattimo, *Glauben-Philosophieren*(Stuttgart, 1996), S.55f, 76.

8장

1   페터 슬로터다이크, 『냉소적 이성비판』(에코리브르, 2005) 참조.

2   V. 회슬레, 『독일철학사』, 이신철 옮김(에코리브르, 2015).

3   M. 폴라니, 『개인적 지식』, 표재명/김봉미 옮김(아카넷, 2001), 특히 4부 참조.

4   그럼에도 기독교에 대한 이러한 이해는 일면적이거나 시대착오적인 것이다. 현대 신학에서 이처럼 이 세상을 부정하고 피안의 세계에만 무게를 두는 현실 부정적 신학은 극복되었다고 말해도 좋을 것이다.

5   F. 니체, 『유고―1888년 초~1889년 1월 초』, 백승영 옮김(책세상, 2004).

맺음말

1   짱롱시, 『도와 로고스』, 백승도 외 옮김(도서출판 길, 1997).

2   M. Heidegger, *Was ist Metaphysik*(Frankfurt/M, 1969).

참고문헌

가다머, H.-G., 『진리와 방법』 1, 이길우 외 옮김, 문학동네, 2012.

_____, 『진리와 방법』 2, 임홍배 옮김, 문학동네, 2012.

굴드, 스티븐 J., 『다윈 이후』, 홍욱희, 홍동선 옮김, 사이언스북스, 2009.

그레이, 존, 『화성에서 온 남자, 금성에서 온 여자』, 김경숙 옮김, 친구미디어, 1993.

니체, 프리드리히, 『선악의 저편』, 김정현 옮김, 책세상, 2002.

_____, 『유고—1888년 초~1889년 1월 초』, 백승영 옮김, 책세상, 2004.

_____, 『즐거운 학문』, 안성찬/홍사현 옮김, 책세상, 2005.

로티, 리차드, 『철학 그리고 자연의 거울』, 박지수 옮김, 까치출판사, 1998.

로핑크, G., 『당신은 성서를 어떻게 이해하십니까?』, 허혁 옮김, 분도출판사, 1976.

롬바흐, R., 『철학의 현재』, 전동진 옮김, 서광사, 2001.

보이드, 브라이언, 『이야기의 기원』, 남경태 옮김, 휴머니스트, 2013.

부르디외, P., 『나는 철학자다—부르디외의 하이데거론』, 김문수 옮김, 이매진, 2005.

슈나이더스, 베르너, 『20세기 독일 철학』, 박종묵 옮김, 동문선, 2005.

스노우, C.P., 『두 문화』, 오영환 옮김, 사이언스북스, 2001.

슬로터다이크, 페터, 『냉소적 이성 비판』, 에코리브르, 2005.

심상태, 「解釋學의 神學的 考察」, 《論文集》 제3집, 가톨릭대학교출판부, 1977.

요프레, 시미안, 『구약성서 연구방법론』, 박영식 옮김, 성서와함께, 2000.

윌슨, 에드워드 O., 『사회생물학』, 이병훈 옮김, 민음사, 1992.

_____, 『통섭—지식의 대통합』, 최재천, 장대익 옮김, 사이언스북스, 2005.

짱롱시, 『도와 로고스』, 백승도 외 옮김, 도서출판 길, 1997.

코레트, 에머리히, 『해석학』, 신귀현 옮김, 종로서적, 1985.

클레멘츠, 로날드 E., 『구약성서 해석사』, 문동학/강성열 옮김, 나눔사, 1988.

폴라니, M., 『개인적 지식』, 표재명/김봉미 옮김, 아카넷, 2001.

하버마스, J., 『탈형이상학적 사유』, 이진우 옮김, 문예출판사, 2000.

하이데거, M., 『마르틴 하이데거의 존재론』, 이기상/김재철 옮김, 서광사, 1995.

_____, 『사유란 무엇인가』, 권순홍 옮김, 도서출판 길, 2005.

_____, 『세계상의 시대』, 최상욱 옮김, 서광사, 1995.

_____, 『숲길』, 신상희 옮김, 나남출판, 2008.

_____, 『아리스토텔레스에 대한 현상학적 해석』, 김재철 옮김, 누멘, 2010.

_____, 『이정표 2』, 이선일 옮김, 한길사, 2005.

회슬레, V., 『독일철학사』, 이신철 옮김, 에코리브르, 2015.

Bertram, G.W., *Hermeneutik und Dekonsturktion, Konturen einer Auseindander -setzung der Gegenwartsphilosophie*, München, 2002.

Bultmann, R., *Die Geschichte der synoptischen Tradition*, Göttingen, 1921.

_____, *Kerygma und Mythos*, Göttingen, 1951.

_____, *Neues Testament und Mythologie*, Göttingen, 1941.

Dreyfus, Hubert L., B*eing-in-the-World, A commentary on Heidegger's Being and Time*, Division I., Cambridge/London: MIT Press, 1991.

Frank, M., *Einführung in die frühromantische Ästhetik*, Frankfurt/M, 1989.

Gadamer, H.-G., "Hermeneutics and Logocentrism," in D.P. Michelfelder/R.E. Palmer, ed. *Dialogue and Deconstruction, The Gadamer-Derrida Encounter*, Suny Univ. of New York Press, 1989.

_____, "Hermeneutik als praktische Philosophie," in: M. Riedel(hrsg.), *Rehabilitierung der praktischen Philosophie*, Freiburg, 1972.

_____, *Text und Interpretation*(1983), in Gesammelte Werke Bd.2, Tübingen, 1986.

_____, Text und Interpretation, *Gesammelte Werke*, V. II., Tübingen, 1986.

Hegel, G.W.F., *Wissenschaft der Logik*, Frankfurt/M: Suhrkamp, 1986.

Heidegger, M., *Feldweg*, Pfullingen, 1947.

_____, *Sein und Zeit*, Tübingen, 1927,

_____, *Unterweges zur Sprache*, Pfullingen, 1959.

_____, *Was ist Metaphysik*, Frankfurt/M, 1967.

Jolles, A., *Einfache Formen*, Tübingen, 1930.

참고문헌

Vattimo, G., *After Christianity*, tr. Luca D'Isanto, New York: Columbia University Press, 2002.

_____, *Das Ende der Moderne*, Stuttgart: hrsg. v. R. Capurro, 1990.

_____, *Glauben-Philosophieren*, Stuttgart, 1996.

_____, *Jenseits vom Subject. Nietzsche, Heidegger und die Hedrmeneutik*, Wien, 1986.

Wachterhauser, Brice R.(ed.), *Hermeneutics and Modern Philosophy*, Albany: State University of New York Press, 1986.

더 읽어봐야 할 책

해석학에 관한 학적 설명은 아래의 도서를 참고하시오.

가다머, H.-G., 『진리와 방법』, 문학동네, 2012.

그롱댕, 장, 『철학적 해석학 입문』, 최성환 옮김, 한울, 2012.

양해림, 『현대 해석학 강의』, 집문당, 2011.

코레트, E., 『해석학』, 신귀현 옮김, 종로서적, 1980.

티슬턴, 앤서니, 『성경해석학 개론』, 새물결플러스, 2012.

하이데거, M., 『존재론: 현사실성의 해석학』, 서광사, 2002.

후프나겔, E., 『해석학의 이해』, 서광사, 1995.

찾아보기

인명, 서명

찾아보기

신승환은 가톨릭대학교에서 신학을, 이후 독일 뮌헨과 레겐스부르크 대학교에서 철학과 신학을 공부했다. 현재 가톨릭대학교에서 현대 철학을 연구하며 강의하고 있다. 해석학과 형이상학이 주된 연구 분야이며, 역사철학과 생명철학에도 관심을 가지고 있다. 지금은 한국 사회의 근대와 탈근대 문제를 중심으로 서구 근대 이후의 철학과 문화에 대한 연구에 집중하고 있다. 『포스트모더니즘에 대한 성찰』(살림, 2003), 『지금 여기의 인문학』(후마니타스, 2010), 『철학, 인간을 답하다』(21세기북스, 2014) 등 몇 권의 책과 현대 철학 및 사상에 대한 여러 편의 글을 발표했다.

대우휴먼사이언스 008

해석학
새로운 사유를 위한 이해의 철학

1판 1쇄 찍음 | 2016년 4월 6일
1판 1쇄 펴냄 | 2016년 4월 13일

지은이 | 신승환
펴낸이 | 김정호
펴낸곳 | 아카넷

출판등록 | 2000년 1월 24일(제406-2000-000012호)
주소 | 10881 경기도 파주시 회동길 445-3
전화 | 031-955-9511(편집) · 031-955-9514(주문)   팩시밀리 | 031-955-9519
www.acanet.co.kr

ⓒ 신승환, 2016

Printed in Seoul, Korea.

ISBN 978-89-5733-494-2 94110
ISBN 978-89-5733-452-2 (세트)

이 도서의 국립중앙도서관 출판예정도서목록(CIP)은 서지정보유통지원시스템 홈페이지(http://seoji.nl.go.kr)와 국가자료공동목록시스템(http://www.nl.go.kr/kolisnet)에서 이용하실 수 있습니다.(CIP제어번호:CIP2016008824)

이 제작물은 아모레퍼시픽의 아리따글꼴을 사용하여 디자인 되었습니다.